Daniel Beau

Le poète rêveur

Les Quatre saisons

poésie

Éditions Dédicaces

LES QUATRE SAISONS, par DANIEL BEAU

ÉDITIONS DÉDICACES INC.
675, rue Frédéric Chopin
Montréal (Québec) H1L 6S9
Canada

www.dedicaces.ca | www.dedicaces.info
Courriel : info@dedicaces.ca

Daniel Beau

Les Quatre saisons

Remerciement à Mme Aimée Françoise Vavon
A Moulins pour la relecture et correction le douze octobre
an deux mille quatorze

Je remercie par avance mes lecteurs pour la joie que me portent
leurs fidèles attentions et leurs sollicitudes à me lire.

Pour finir, je tiens à remercier pour leurs concours à cette œuvre
littéraire ;

George Sand.
Alfred de Musset.
Guillaume Apollinaire.
Frédéric Chopin.
Victor Hugo.
Vincent Van Gogh.
Pablo Picasso.
Ingres.
Vivaldi.
Édith Piaf.
Marcel Cerdan

Préface

Chers Lecteurs ;

Je vais essayer à travers un extrait de mon œuvre de vous faire voyager sur le cours d'une année, vue d'un œil poétique. Chaque saison est essaimée de poèmes aux couleurs des jours qui défilent. Le temps qui passe au gré des dites est le reflet de nos peines et de nos joies. Un hiver peut voir un soleil, comme un été une vile pluie, la raison y sombre parfois en forçant l'esprit à emprunter un chemin différent à l'humeur du mois pour adoucir le cœur de son moi intérieur. Pour clôturer chaque chapitre, un poème en quatre saisons est l'épithète de cette année poétique. Le temps des violons est une œuvre en quatre mouvements qui suit la trame de ce recueil. Celui-ci est l'âme des saisons vue par une forêt de palissandre, sous l'œil amusé de Vivaldi et son stradivarius qu'Ingres lui-même sut enchanter par la peinture. Ce recueil est le deuxième que je présente à la publication, espérant égrèner comme l'art qu'est la poésie une once de plaisir intemporel. Quoi de plus beau que le souvenir d'un mot, une rime, un vers, parfois oublié dans les méandres du temps qui passe et nous revient comme le vent porte les saisons ; la réminiscence devient l'osmose de ces instants si brefs et au même moment valant tout l'or du temps.

Dans cette œuvre littéraire, vous découvrirez des duos imaginaires avec des poètes disparus qui furent nos pairs. J'espère que ces écrits n'érailleront pas leurs âmes aux cieux érigées. Mon vœu le plus cher est d'attiser la curiosité des lecteurs par la découverte de ces écrivains et par-delà même susciter la lecture de leurs œuvres. George Sand tient dans mon cœur une place particulière (Amantine Aurore Lucile Dupin, baronne Dudevant) pour ses œuvres grandioses et ses amours

5

tumultueux qui eurent bercé sa vie d'écrivain. Peu nombreux sont ceux qui savent, à ce propos qu'à l'époque où elle fit paraître ses écrits, la publication était interdite aux femmes. C'est la raison qui l'a conduite à prendre ce pseudonyme d'auteur de George Sand. Étant originaire du Berry moi-même, je me devais de lui rendre ce modeste hommage en rentrant dans la peau de quelques-uns de ses amants pour lui écrire et pour la beauté de l'écriture. Pour les autres duos se sont aussi des coups de cœur. J'espère que, ces écrits enchanteront ne serait-ce que quelques âmes et que même dans les vents hiémaux, ils puissent y trouver le souffle de Zéphyr pour la belle flore. Pour chaque auteur m'ayant accompagné, je laisse une fiche de présentation succincte pour les présenter à ceux qui voudront s'y épancher un peu plus.

Vent d'automne

À travers les feuilles entremêlées de l'automne
J'entends la complainte monotone de la saison
Qui peste déchirure de son âme à l'abandon

Seul le blizzard aux doigts des branches résonne
Sous les nuages qui se déhanchent sans raison
Que l'esprit morose prend pour apparition

Le soleil maladroit de ses rayons d'or tâtonne
Mais les arbres pleurent au son de ces oraisons
Que la plaine ramène dans des échos si abscons.

Chapitre premier

Chacun ses mots et ses maux ...

Que serait un poème sans les mots,
De nos larmes versées sur ces pages,
Trop pures faussement stériles sages,
Mentant si bien au masque des maux ;

Que serait ; pluie d'étoiles d'automne,
D'un paysage vergogneux où ce paysan,
Mène ces bœufs, au froid chantonnant,
Vidant son amour, du vers si monotone ;

Que serait ; baiser posé sur un front,
Si pure pour y voir la larme lustrale,
Perle de l'œil de sa muse ancestrale,
Que plume utilise en encre d'une saison ;

Que serait ; des mouettes devenues,
Ces goélands hideux et tâtonnants,
Sur les roses d'un mal si présent,
Où le pleur exulte tel un don reçu ;

Que serait ; roses sur un marbre,
Teinté du désespoir d'un poète,
Où rime vers sont en tête-à-tête,
Des larmes d'impuissance glabre ;

Que serait ; forêt invisible au passant,
Sans qu'un ménestrel lui conte le vert,
Que porte ce bois où nature est vers,
Qui berce l'été ou l'automne hivernant ;

Nos mots sont les filigranes de nos âmes,
Sans qui nous n'aurions nom des poètes,
Et tant d'oiseaux chantant en nos têtes,
Qui réchauffent tant, le cueur des dames ;

Souvenir d'un pas-grand-chose

Les feuilles d'automne qui tombent sur les chemins,
Langoureuses et monotones colorent la saison,
Sous nos yeux qui déplorent le gris des matins,
Que nos mains ne peuvent saisir comme une leçon ;

Périssent ces cheveux d'arbre hier, ors et rouges,
Qui filent entre nos doigts voulant les écrire,
Et la forêt se meurt où seul le vent ici y bouge,
Le vil coquin joue des dentelées pour les périr ;

À l'hiver quand ce bois sera dévêtu sans feuilles,
Cela ne sera plus que le souvenir d'un pas-grand-chose,
Près de l'âtre quand le ciel d'albâtre s'effeuille,
D'une blanche neige, nous raillerons l'automne morose ;

En nos mains, ce souvenir n'est même pas gravé,
Le temps passe, les saisons effacent les fleurs,
Sans nous avoir laissé ce devoir d'arbre égaré,
Combien d'années de mois sans voir ces heures ;

Souvenir d'un pas-grand-chose,
Est souvent beaucoup de choses,
Quant au hasard d'un sentier,
Feuilles tombent d'un noisetier ;

Tous ces étés passés défilent sous nos yeux,
Et le souvenir revient, celui qui était oublié,
Que nos âmes virent un automne vergogneux,
Et que nous eûmes ignoré sur ce sentier...

Ô souvenir d'un pas grand-chose...

Les feuilles d'automne qui tombèrent sur les chemins,
Langoureuses et monotones colorèrent la saison,
Sous nos yeux qui déplorèrent le gris des matins,
Que nos mains ne purent saisir comme une leçon ;
Ô combien ce souvenir est beaucoup de choses.

Et le souvenir nous suit

Les prés bordent le village aux chemins creux,
Se laissant bercer par la douce mélodie de la vie,
Les blés gîtent dans le zénith sous les cieux,

Oui, mais la vie trépasse,
Le passé s'efface,
Et le souvenir l'enlace...

L'odeur des blés après l'orage d'un ciel ténébreux,
Revient à nous ; le souvenir tombe par magie,
Et roule l'eau par nos yeux d'un chemin malheureux ;

Oui, mais la vie,

Les enfants sages longent ce pré doucereux,
De leurs innocences, ne vient que cette envie,
Rire, s'amuser pour l'éternité dans ces jeux ;

Poupins rient...
Le soleil sourit...
Demain, la vie...

Dans ce pré jamais je n'eus remarqué les cieux,
Qui passèrent et portèrent ma vie et mes envies,
Et que mourraient ces blés, et rire poupins sous mes yeux ;

Oui, mais la vie trépasse,
Le passé s'efface,
Et le souvenir l'enlace...

Poème malheureux

Dans ces nuits d'incertitudes dans la solitude,
Ma plume geint d'une écriture rude par habitude,
Sous un soleil de stuc abandonné et si miséreux,
Tel, un gueux, de hardes se vêt ce papier ténébreux ;

Chaque mot est un cri silencieux de la chute,
Qu'est, ce pleur de nuit que la feuille chahute ;
Mais ce duel, est inégal et l'ouragan déferle,
Phrases se noient sous l'œil noir qui perle ;

Toutes les lettres se brisent sur la ligne sinueuse,
Que plume laisse couler, absente et malheureuse,
Ce n'est plus que le cœur du poète qui saigne,
Et coulent tant de pleurs quand le temps dédaigne ;

Le malheur et le froid de l'âme n'ont pas de saison,
Ô combien de fois j'eus vu en été cette oraison,
Poème malheureux est le remède du cœur,
Par des mots il apaise les maux et sèche le pleur ;

Vers d'hiver

Que vois-je cet hiver ma douce,
Sur mon cœur faible et monotone,
Un vers de cristal qui y pousse,
Telle, une note oubliée par l'automne ;

Une fine complainte, or vermeille,
Dans le froid de l'hiver délaissé,
Pars cette mélodie de merveille,
Pour adoucir ce ciel trop grisé ;

Écoute dans le vent ces doux mots,
Ceux d'un poète content cette nuit,
Savoir que tes rêves ne verront maux,
Et que dans le froid l'été sera ta vie,

L' hiver est un passant sais-tu, mon amie,
Certains voient son visage pâle de neige,
Moi, je vois son dos qui sème vers d'envie,
Regarde les cheveux de l'hiver que n'ai-je ;

Vers laisse, moi

J'eus semé des vers dans le vent de décembre,
Sous un ciel que l'hiver rude, de rides démembre,
Les cieux pluvieux que les saisons blessèrent,
Et ces pauvres mots esseulés qu'ils délaissèrent ;

Ô combien, ce temps à l'arrêt sans soleil,
Érige l'âme sur ces monts sans sommeil,
Dans ce jour si noir où le vent pousse,
Comme seul spectre et la rime s'émousse ;

Souvins t'en vers joyeux de la musique,
Que te conta la fleur d'été si magique,
Mais mon jardin est mort cet hiver,
Où ne réside que ce pauvre décor amer ;

Vers viens t'en, sur mon cœur te reposer,
Laisse cette saison qui ne sait aimer,
Moi le poète au printemps, je t'érigerai,
Sur les monts de la joie et te fleurirai ;

Saison pluie

Le toit de ma maison se fut envolé un matin,
Dans le vent d'automne virevoltant à terre,
J'errai ici en quête d'un narcisse pur opalin,
Pour le poser dans une stance moins amère ;

Les beaux jours s'envolent toujours à l'automne,
Dans les feuilles vertes qui deviennent vermeilles,
Ne reste que le souvenir d'un poème monotone,
Que l'or des branches transforme en merveille ;

L'âme en peine, j'erre dans ce château sans toit,
Qu'est la forêt en hiver par cette bise blessante,
Où la rime démise et amère geint en ce sous-bois,
Délaissant le narcisse d'une complainte méprisante ;

Mes poches sans fonds n'ont même plus une lettre,
Que je puisse quérir une couverture à ce chemin,
Pour un joli récital de vers séchant un peu l'être,
Qu'est-ce pleur malheureux dans l'œil du dédain ;

Seul réside des nuages si bas voulant devenir toit,
Mais ne faisant que larmes effaçant mon élégie,
Soleil mon égérie où es-tu, toi mon ô mon bon roi,
M'endormirai-je ici, certes oui adieu saison pluie ;

Bouquet de forêt

Fièrement, ils bravent le froid hivernal,
Doigts couverts, pure trace de saison,
Magie de forêt, fanée au vent hiémal,
Le beau naît dans le laid ô belle leçon ;

L'hiver est un brin d'été oublié au bois,
Quand l'automne y a laissé la couleur,
Que la bise balaie au son du hautbois,
Un matin glacé où arrive cette chaleur ;

Le bonheur est dans le cœur de la forêt,
À qui sait y voir la merveilleuse note,
Mélodie d'arbre, nous met en arrêt,
Et l'on cueille cette gerbe qui dénote ;

Hiver laisse moi un matin en tes bras,
M'éveiller sur un lit de pétales carmin,
Que givre gèle en mes doigts y laissera,
Je verrai l'été juste le temps d'un matin...

Récital d'hiver

Les dernières notes, or d'automne,
Pendent sur les arbres monotones,
Le vent les emporte dans sa ronde,
Les jettent à l'hiver telle une fronde ;

Désespérément, elles s'accrochent,
Aux doigts des branches croches,
Les noires sonnent, peine d'un soir,
Et les blanches cèdent au désespoir ;

L'âme se couvre d'ébène quand fuit,
La saison du rossignol dans la pluie,
Froid d'un soir frileux ferme nos yeux,
Où le rêve n'est plus qu'un malheureux ;

Hiver tes draps noirs m'enserrent,
Mes rimes esseulées désespèrent,
Le temps d'un printemps suffira,
À effacer l'hiver et plume l'écrira ;

Regret

Le matin ne porte plus que l'écho des calèches,
Même pas un oiseau apeuré à l'horizon du carrefour,
Le soleil paresse sur son lit organdi timide jour,
La bise aiguise ce froid de vilaines dépêches,

Que le temps est gris sans toi ma mie cet hiver,
Combien de soleils morts dans l'aube vermeille,
Eurent vu mon cœur triste solitaire sans merveille,
Quand ma plume en ces matins n'eût trouvé de vers ;

Les oiseaux de ta saison me manquent tant ici,
Je suis naufragé derrière mes vitres embuées,
Dans cette maison où seul l'âtre émet des huées,
Que mes doigts dessinent sur ce carreau gris ;

Il eut bien fallu que l'hiver dessine ton nom chéri,
Même sur une vitre froide par mon âme en des pleurs,
Je laisse dormir le regret attendant des jours meilleurs,
En cet été où je ne vois sans toi trace du paradis ;

Mais déjà les bourgeons sur les arbres délaissés,
Tentent à émerveiller ce levant aux doigts guipure,
Du roi de la voûte astrale chassant nuages cendrés,
Et sur la vitre le dessin d'une rose qui me rassure

Mort au présent

Au loin trace du temps résonne,
Idée-y vagabonde humeur grise,
Que le vent emporte à une église,
Qui marque l'absence qui y sonne ;

Clocher ardoise touche un nuage,
Et la trace de l'union se fond,
Dessus telle raison de l'iris rond,
De nos yeux qui n'y voient présage ;

Ne tinte plus que le glas final de l'âme,
Oraison d'un passé qui fuit vers demain,
Où après la nuit s'échappe de la main,
Petite trace d'étoile, mot d'oriflamme ;

Nos mortes illusions dans ces vils vents,
Sur l'étendard de peine disparaissent,
Et nuages de pleurs nous délaissent,
Demain n'est plus dans la mort au présent.

Jardin de la mélancolie

Entre bruine nuages éternuant,
Dans les jardins de ma plume d'or,
Traîne mélancolie de prime abord,
Sur des mots pêle-mêle passant ;

Fertiles sillons hier encore carmin,
Où mes mains te cueillirent le jour,
Et le dessina en un doux Giaour,
Qui n'est plus qu'infidèle ce matin ;

Laisse mes doigts pastel errer ici,
Que j'y cherche la phrase oubliée,
Que ma plume, soit enfin délivrée,
De ce ciel enrhumé, que trop gris ;

L'encre de ton cœur sur ma feuille,
Fera à nouveau la cour à ton âme,
L'union de nos noms, ô épithalame,
Jardin sera émaux de mots de feuil.

Feu au vent huant

Chuchotements de vents pénètrent la cheminée,
Où dansent les doigts oranges d'un feu d'angélisme,
Pureté qui nous enjôle ô divine parole de fée,
Flammes s'enorgueillissent d'un profond cynisme ;

Peu à peu le feu s'adoucit et tait huées de loups,
Qui hurlent au bois dormant dans un froid miséreux,
Pendant que je te berce ma tête sur ton cou,
J'ois paroles, sous un feu où brillent tes yeux.

Dans cette masure trouée de toutes parts par le temps,
Je devine à chaque pierre un passé à s'aimer,
Que l'âtre nous conte sous les vents huant,
Tout devient délicieux et propre à nous enjouer ;

Laisse-moi être le feu de ton cœur à présent,
Mes bras seront l'entrée du château de ton âme,
Mes doigts dessineront ce plaisir si charmant,
Qu'est ta présence cet hiver auprès de la flamme.

Faire ton hiver

Sente du cœur se parsème à l'automne,
Sous les arbres dénudés et en peines,
Que voit un paysage rayé bi monotone,
Sous ce disque de jade, ô crues déveines,

Plus rien ne freine l'hiver ce vagabond,
Qui prépare sa triste rapine miséreuse,
Anachorète solitaire n'est qu'un fripon,
Qui tue soleil rieur à l'âme chaleureuse ;

Saison ploie sous le froid et se meurt,
Nos fronts froids se plissent de rides,
Adonc l'on retourne vers son bonheur,
Son aimée qui berce nos joies cupides ;

Faut-il l'être un tantinet pour aimer,
Ô muse, je suis poète et importe l'hiver,
T'en ferai-je un bal de nuages à s'amuser,
Tels des enfants y voyant un roi si fier ;

Que je sois enfant et t'écrive ces cieux,
Oublie la saison mon ange, tu es la mienne,
Sous un ciel de jade béni par les dieux,
À faire de ton hiver, saison saharienne ;

Automne, tu n'es point venu

Automne, tu n'es point venu cueillir ce doux soleil,
Un ciel bleu nuage de lins fait encore le beau temps,
Court chaleur par-delà les près caresse les abeilles,
Les herbes folles portent en douceur tes accents

Tendre nature, tu es si belle sous un ciel qui flamboie,
Quand les oiseaux à tire d'ailes chantent ta ritournelle,
Quand le peintre te capture de son fin pinceau de soie,
Sur la toile, les couleurs irisées en émaux s'y mêlent

La nuit tombe lentement le soir sur ce lit d'aquarelle,
Ses fines lueurs opalines descendent sur l'herbe folle,
La lune fière dans le ciel s'alite sur le nimbe du soleil,
Rouge, vert, blanc, se marient et font de jolies corolles

Les nuits d'été deviennent la plus belle des toiles,
Un chevalet même qui porte le plus beau des tableaux,
Comme une toile de Marie Laurencin sous les étoiles,
Apollinaire en eût fait des pluies d'astres de jolis mots

Mon ange

Dans les chemins sucrés rouges parsemés,
D'un bois de lettres tombées en farandole,
Elle erra sur ces pétales géants essaimés,
Que sont les feuilles des arbres en une obole ;

Don automnal rend si belle dame nature,
Quand le ciel se raie en gris de désespoir,
Paradis fut sous mes yeux en ouverture,
Tel, un bal grandiose que lune porte le soir ;

Telle chue des nuages, ô belle dame marchait,
Que dis-je ce pas aérien était sublime de grâce,
Telle, une esquisse de l'âme qu'un poète écrirait,
Qui entre, par l'esprit et que plus rien n'efface ;

Joliette aquarelle, ce lieu me fit rêver d'amour,
Comme l'automne sut abeausir les arbres esnuer,
Éden à présent est un lieu divin vêtu de son atours,
Où j'aime l'ange qui me céda sa plume pour l'aimer.

La fin du mépris

Un vent venu d'une saison inconnue, gronde ;
Peste sur les nuages qui volent à la ronde,
Comme si Dieu d'une fronde les avait jetés,
Roulent dans l'absolue tristesse tels des dés ;

Absconses paroles dénuées de sens à se morfondre,
Qui voient l'ombre du temps passé, en pleurs fondre ;
Raison abîmée, quand tu gis sous un ciel ennemi,
Ne reste plus rien des jours, que ce profond ennui ;

Même l'hiver finit par se faire chasser par l'été,
Riez ombres de mon passé de ce mot délaissé,
Que le vent balaie aujourd'hui, importe ce mépris,
À vouloir condamner ma vie me privant du paradis,

Roulent dans l'absolue tristesse tels des dés,
Absconses paroles dénuées de sens à se morfondre,
Vent inconnu est amour quand arrive l'été,
Alors le cœur en joie laisse la tristesse fondre ;

Ne reste plus rien de ce profond ennui d'hier,
Mon tendre soleil de merveille dont je suis fier,
Tu as condamné Dieu à rendre le ciel si beau,
Simplement pour que je vois un jour nouveau ;

Souvenir d'automne

Ce matin, l'automne est venu avec une amie,
Petite bruine passagère courant dans le pré,
Belle vêtue d'une robe de mariée fut si jolie,
Dansante dans l'herbe, de dame nature pourprée ;

Sa manteline cousue de diamants voletait de grâce,
Quelques gouttes perlées tombaient déci delà,
Ô mon ami automne, ce souvenir en moi ne s'efface,
Ton amie fut si belle, le soleil même eut embarras ;

Le plus beau fut quand la belle aux cieux s'alita,
Le soleil se mit à darder de ses rayons de feu,
La belle robe se colora de pourpre ce matin-là,
Puis elle devint blanche comme un sourire heureux,

Quand un nuage passe sous la voûte, je souris,
Même loin de l'automne ce plaisir reçu est présent,
Hiver, tu peux te moquer, le soleil est de rubis,
Même tes pâles neiges seront pour moi diamant ;

Amie rosée, tu es venue ce matin avec l'automne,
Fine bruine, il te tient par la main dans ce pré,
Ta belle mariée est si belle en ce champ monotone,
Dame nature t'offre ces herbes pour t'y aimer ;

Laisse-moi être

Le soleil vêt sa capeline de flanelle le soir,
La mer se plisse sous le vent de cette étoffe,
Les nuages chutent dans ces rides moire,
D'un gris de jour endormi, l'eau s'en étoffe ;

Parfois, la lune assiste au spectacle du soleil,
Si le beau tire sa révérence Phoebé en rougit,
La mer, ce palais de roi ondule de plis de miel,
Juste une sirène de rêve en grâce y surgit ;

À cette heure où les amours naissent en douceur,
J'exulte, devine le plaisir à paraître en ce paradis,
Je m'endors sur la plage or, oubliant ma peur,
Nul doute, songe sera majestueux, nuit de rubis ;

Amour, tu es mer de mes rêves moi roi de ton cœur,
Sirène est l'âme de mes désirs à te voir ma tendre mie,
Les vagues viennent par l'orchestre de mon bonheur,
Ce tambour battant en ton corps, ma fleur si jolie ;

Laisse-moi encore ce soir au couchant t'enlacer,
De mes bras de flanelle pour te rêver un instant,
Regarde la lune rougit à te voir si belle mon aimée,
La nuit sera paradis et le soleil redeviendra enfant...

Rose d'érable du Canada

Je t'offre une rose au parfum de ton automne,
Rouge érable, couleur de ta forêt qui m'étonne,
Dans une ode unique laisse moi t'offrir ce bouquet,
Arbre magique portant mille cœurs si parfaits ;

Que je puisse trouver l'élégie en lettres de diamants,
Où la rose et l'érable seraient, or rubis amant,
C'est en ton cœur ma princesse qu'est la fleur,
Ma plume froide y trouvera l'encre de chaleur ;

De cette apathie où était mon âme, elle renaît,
Dans ces lignes en une forêt de roses que je n'aie,
Ma plume d'or les cueille dans ton cœur ma divine,
Ô, je devine l'odeur de la rose née sous la bruine ;

Belle forêt rouge de cachemire est pour toi mon aimée,
Née sur le papier par ton cœur à l'encre rubis animée,
Je serais érable d'or pour toi ma rose du Canada,
Rose d'amour de mon bois de papier ma reine, tu seras.

J'ai cueilli un bouquet de bruyère...

Un matin hiémal par-delà les taillis dans un joli bois,
J'ai cueilli au pied d'un chêne un bouquet de bruyère,
Forêt si peu fière dans ce froid sentait l'hiver,
Mousse pourtant couvrait doux humus courtois ;

Chêne reste vaillant même s'il tremble un tantinet,
La saison rassemble ces verts feuillus aux âmes grises,
Ce matin, ma main y a prit l'ingénue et désespérée,
Couronne de rameaux d'un noisetier ou de jolies merises ;

L'air poupin aux joues rouges, j'ai oublié la vile saison,
Ma raison égrisée d'enfant avait failli en ce fourré,
L'odeur de la gerbe avait inhibé cette déraison,
L'hiver hue à mes ouïes mon esprit est déjà en été ;

Un bouquet de bruyère n'est rien pour l'homme païen,
Qui ignore les vertus de la forêt où courent ses peines,
Si l'enfant renaît en ces heures reines un doux matin,
C'est que ce bois, a gardé l'innocence dans ces veines ;

J'ai cueilli un matin un bouquet de bruyère des bois,
Qui a fait de moi le poète troubadour de la rime,
L'été est dans l'âme des taillis jusqu'à sa cime.
Où ma raison s'arrime l'hiver même dans le froid,

Forêt de cachemire

Belle robe rouge cachemire médaille les branches,
Branches d'érables se vêtent, automne s'épanche,
S'épanche sur les venelles, où erre un cerf égaré,
Égaré sur ce lit d'étoffe au sol pourpré chiffonné ;

Chiffonné par une jolie saison quelque peu chafouine,
Chafouine cache les mousses dentelles dans sa bruine,
Bruine matinale perle de la forêt orne jolie robe rubis,
Rubis de reine du Canada, réee cerf dans ce bois si joli,

Joli paysage presque irrésistible qui s'offre à nos yeux,
Yeux émerveillés qui brillent dans ces chemins heureux,
Heureux de nous offrir ses sentes rouges couleur de vie,
Vie paisible qui attend la neige en cette forêt d'envie ;

Envie de voir les arbres parés de jolis habits à l'automne,
Autonome canadien, qui efface même l'idée monotone,
Monotone et sempiternel onirisme n'est que réalité,
Réalité d'un rêve gigantesque où erre l'âme égarée ;

Vie trépasse l'hiver

Soleil hivernal, je préfère l'automne,
Monotones couleurs, magiciennes âmes,
Dessinent les forêts, rouges jaunes flammes,
Égrainent les pages, du livre qui étonne ;

Vertes saisons passent, rides les effacent,
Écorces assombrit, front des arbres heureux,
Le temps est assassin, sous nos yeux malheureux,
Des cernes hideuses, plissent maux de traces ;

Mains esnuer de feuilles, forêt borde la marge,
Heure d'or glorieuse, saisonnière prend large,
Esprit amer s'y perd, mont de lettres au sol,

Vent emporte les mots, mémorial demeure,
Stèle grise passée, futur la raison meurt,
Arbre livre de vie, l'hiver est ton alcool ;

Sous les draps aube orangés

Sous les draps de l'aube orangée, fondent mes poèmes,
Listeaux de pétales, dessinent les lettres, or diadème,
Peine à s'immiscer, le vers timide qui me comblera,
Âme onirique, nuage à l'œil sablé enfin s'y déposera ;

Emmuré dans le silence de l'aurore, avec précaution,
Je glisse sous tes cheveux, belle égérie de passion,
Muse délicate alanguie, à moi, tu viens en douceur,
Je ne ressens que chaleur, fragments de bonheur ;

Aliter des mots de plaisir, que peuvent-ils être amour,
Aucun trésor ne peut l'écrire, au soleil de ce jour,
Par tes yeux, je devine l'ombre de ma vie ma chérie,
Comment pourrai-je te construire ce joli paradis ;

Entre avec moi sous le lin de l'aube si pourpre,
Je veux sentir la chaleur de ta joue qui s'empourpre,
Femme délit du secret, écrit d'or intime du poète,
Avec toi sur la montagne du bonheur je suis au faîte ;

Écoutez vents, nuages pourprés ; parler ma tendre,
Renvoyez-lui de ses tissus de pétales le mot à surprendre,
Moi son battement de cœur, je ne peux pas y arriver,
L'émotion m'étrangle, comment faire pour d'or l'aimer.

Que je fusse ès aèdes le vôtre

Esprit poupin, joues rosies, je vous souris,
Étonnement, je devine, votre cœur rougit,
Candide, je demeure, n'osant vous embrasser,
Vos lèvres m'attirent, oserai-je vous aimer ;

Reine, je n'ai plus, vous sacrerai-je ma douce,
Soleil majestueux, ciel bleu d'été m'y pousse,
Que je devinsse aède, je désire votre bonheur,
Stance enflammée, en verserai-je de douceur,

Simplement ma fleur, sigisbée servant, je serai,
Âme de cristal, vous serez, aux anges, je parlerai,
Aucun mal, je ne veux à vous, délivrance, j'espère,
Consoler votre esprit famélique, je susse faire ;

Si un mot existait à vous dire, que je le trouve,
Sans nul doute, il serait amour, tel leu pour louve,
Que vous fussiez reine, antique rime, j'aliterai,
Je deviendrai roi, à l'éternité vos pleurs, je sécherai.

Tombe la pluie

Tombe la pluie résonne tristesse dans la nuit,
Viles gouttes frappent les hublots tels des pitres,
Les rêves d'hiver s'écrivent en nouveaux chapitres,
Comme un livre où les pages ne seraient qu'ennui ;

Ô désespoir, tu tambourines mon cœur à ce prix,
N'écoutant que le vent débitant des fadaises,
Qui cognent inlassable, telle la mer sur les falaises,
Nous faisant oublier que la plage fut un paradis ;

Je hais quand les lacs des yeux de dieu débordent,
Ces crues diluviennes finissent à l'aube sur ma plume,
Engloutis, l'amour d'un été joli où nous fûmes,
Lettres stériles désespoir que vers seuls abordent ;

Consolation en mon âme, voir le soleil enfin au matin,
Sachant que rose au jardin où trône lys et ancolie,
Fleuriront de nouveau et que pluie est plus jolie,
Quand marin de mer pose sur la plage encre satin.

Bouquet d'automne

Belle littératrice, venez dans mes lignes d'automne,
Fins tissus cotons courent les près dans la mélancolie,
Tels champs et guérets où passiflore subsiste monotone,
Sous la page tiède d'une saison où s'étiole l'ancolie ;

Effluves de crinoline le soir est un sol de marbre,
Les oiseaux dansent au coucher de folles farandoles,
Faisant oublier aux pâquettes en terre ce ciel glâbre,
Automne du pré à la forêt est une page d'été si folle ;

Miroir d'été est si beau savez-vous ma tendre amie,
Arbres en forêt sont les bouquets de fleurs du poète,
Rouge coquelicot, jaune bouton d'or, saison si jolie,
Sous un ciel mauve, pourpre, nuages en tête-à-tête ;

Jolis draps tombent le soir sur les près plus timorés,
Amour alitez-vous en ces vertes lignes de ma poésie,
Je vous offre ce petit délice d'automne pétales pourprés,
Cet automne, mon aimée ne cédez point à la mélancolie ;

Pleurs d'automne

Que vous vous fussiez enorgueillies, belles roses d'été,
Quand l'or de la voûte flotta ici candide et hébété,
Les cygnes sur l'étang chantèrent le lys mirliflore,
Que roses pétales égrainèrent en un air de flore ;

Parc bordé d'ormes, parterre égayé par ces merveilles,
Nous en eûmes abusé, ici où plus rien ne m'émerveille,
Amour fut présent, et rose en pétales pleura,
Je t'aime, à la folie, pas du tout, le pleur parla ;

Émotive fleur l'on te crut trop éternelle de beauté,
Tel, le lys orgueilleux, des chants de la primauté,
Rose quand tu es nue, il ne reste rien de l'amour,
Que tes pétales séchés, balayés par l'ombre du jour ;

L'automne désunit les amours quand la nuit ne sied,
À ressusciter la belle sous la lune où l'étoile s'assied,
Alors se meurt l'aube drapée d'un lit en lin de neige,
Que rose regarde sous sa robe à terre qui s'enneige ;

Saison en ai-je regret, ô certes, tu as volé l'espoir,
L'idée d'y voir les couleurs qui apaisent le désespoir,
Blanche robe, je te voudrais de lys en ce parterre,
Rose qui y vécut ne méritait pas de finir à terre ;

L'hiver au ciel rayé de gris est si noir de peine,
Quand il vole l'automne à l'âme de la belle reine,
Laisse-moi imaginer que demain, tu seras automne,
Pour que rose enfin guérisse mon cœur si monotone,

Reine-des-prés en automne

Saison, tu cours sur la prairie verdoyante avec paresse,
La belle reine-des-prés déchaux encense le vent câlin,
Légèrement vêtu, son pied profite de la douce caresse,
D'un soleil vertueux, timoré à l'aube, clair obscur opalin

Belle cousine de la rose du jardin, tu sommeilles au pré,
Attendant l'automne avec dépit, de viles larmes amères,
Dans le vent, tu vois venir le temps du doux chant diapré,
Symphonie de couleurs d'automne qui tue les roses mères

Ô ma belle des champs, repose-toi, tu es éternelle pour moi,
Moins égérie que les roses de la gente des fleurs d'amour,
Tu es pour mon cœur de poète le plus beau vers de l'émoi,
Loin de la rose virtuelle contemporaine que l'on dit glamour

Automne viens t'en voler ma fleur, les prés se colorent,
Pose-toi prince mirliflore sur les feuilles des arbres,
Les belles de saison, rouges, jaunes, chaleur bicolore,
Cœur esseulé, je ne verrai les pleurs des âmes marbres

Le temps des violons

Les violons étonnent l'automne

Prélude

Les violons tristes de l'automne versent des larmes qui étonnent,
Le cœur reçoit ces notes de désespoir, aux réminiscences d'un passé si noir,
L'âme emprisonnée ne veut plus croire que ce chant sera sans aucun espoir,
Les idées s'envolent dans ce cyclône, et laissent l'esprit tel un vil épigone,

L'esprit égrène cette atroce solitude, pour sentir arriver ses incertitudes,
Les yeux se vident sur la partition, qui écrira la mélodie de la déraison,
Les noires tombent telles la saison, apportant à l'hiver froid sa leçon,
Les feuilles rondes tombent en prélude, laissant les arbres dans la lassitude,

Les beaux étaient si fiers hier encore, mais aujourd'hui sonne le désaccord,
Les vents passaient dans les esses, qui jamais ne jouaient la tristesse,
Si nus sans leurs feuilles en liesse, dans l'absence, le silence nous laisse,
La symphonie de l'automne est inodore, dans cette saison nullement incolore,

Jolis palissandres vous étiez magiciens, redevenez à nouveau des jolis musiciens,..
Soleil se prêtait si bien à vos cordes, de ses rayons en or qui vous abordent,
Pâle lueur sème en vous la miséricorde, vous n'êtes plus jaloux des clavicordes,
Vos symphonies plaisaient aux matins, voyant l'astre se lever sans chagrin,

Pourquoi es-tu crin-crin à présent, est-ce à cause du soleil absent,
Redeviens stradivarius enchanté, chasse au loin nos viles pensées,
Regarde le vent va bientôt œuvrer, nul n'y croit, mais je le vois arriver,
Une à une, il les ramasse lentement, le soleil sourit de ce bel élan,

Automne étonne l'âme de Vivaldi, joue la plus belle symphonie,
Vois les feuilles revenues à tes branches, ce sont les merveilleuses notes blanches,
Les noires avec elles coulent en avalanche, l'automne avait ces notes
sous sa manche,
Tout redevient beau au son de la vie, les violons étonnent l'automne ainsi,

Brin d'hiver

Quand l'hiver arrive sombre amer,
De beige se couvre ce ciel si austère,
Neige délétère tue l'été au souvenir,
Qui a vu ici de si belles fleurs rougir,

Perce neige quand viendra le printemps,
Souviens-toi que l'hiver est un passant,
Qui disparaît dans la nuit de ta naissance,
Et que, ô printemps, tu es notre délivrance ;

Chapitre deuxième

Demain qui saura...

Le froid de l'hiver court au bois stérilis,
Guéret délaissé ne se targue plus ici,
En ce paysage hiémal, ô image mépris,
L'été est tombé dans de vils abysses ;

Oui, mais demain qui saura...

Il n'y a plus de demain dans ce dédain,
Où seul réside l'ennui au ciel si gris,
Rayé des larmes de ce dieu qui périt,
Et dans la forêt se meurt ce demain ;

Quand l'été lutte au champ de bataille,
De cette guerre des mornes saisons,
Ce duel inégal abîme toutes raisons,
Fleur ou bruyère, meurt sans faille ;

Oui, mais demain qui saura...

L'hiver nous vole l'été et nos cœurs,
Ne nous reste que le regret du passé,
Avant les tourments de la fin de l'été,
Et nos lits sont des couches de pleurs ;

Demain oui, mais demain qui saura,
Que nos âmes gelées ont combattu,
Ignorantes de cette affliction reçue,
Demain oui, mais demain qui saura.

Car demain, vous direz...

Étendue sur les chaumes, l'aiguail d'été,
Fut si belle le temps de l'enfance bénie ;
Nulle peur de cheveux zains ou pourprés,
Où que ce lit de pré ne dure ici jaunie ;

Mignote rose au jardin se pâme d'aise,
Et pâquette conte le beau aux bleuets;
L'innocente trame des saisons ne pèse,
Rires poupins si fins sont d'or essaimés ;

S'endort chaleur sur ce temps candide,
Sans peur de l'automne un peu timoré ;
L'hiver est si loin à ce paysage placide,
Et nos rires s'envolent au vent de l'été ;

Quand le courant de la vie un matin,
Aura emporté nos sourires d'enfants ;
L'image de nos pères sera, ce dédain,
D'avoir oublié l'odeur des blés aux vents ;

Un matin quand l'hiver aura tué ici l'or,
Nos regrets sonneront d'un glas final ;
Bien après cheveux zains de prime abord,
Où seront nos jeux poupins loin du mal ;

Car demain, vous direz...

Quand l'âge de l'été berce d'insouciance,
Rose, bleuet, coquelicot, enfants sages,
Rigolez et ignorez cette désespérance,
Jeunes bambins, ne tournez pas les pages ;

Car demain, vous direz...

Étendue sur les chaumes, l'aiguail d'été,
fut si belle le temps de l'enfance bénie ;
Nulle peur de cheveux zains ou pourprés,
Ou que ce lit de pré ne dure ici jaunie ;
Car demain, vous direz...

Dans un pré, un châtaignier

Dans un pré, un châtaignier seul et dénudé,
Ses pauvres doigts battus par la morne bise,
De cette saison délétère, où la peine s'attise,
Jusqu'à son tronc gelé blanc et ensanglanté ;

Ami, tu pleures les larmes d'ichor si amères,
Que sont ses gouttes pernicieuses du ciel,
Roulent sur l'écorce qui se ride au pluriel,
Ami, tu pleures les larmes d'ichor si amères,

Ô passant crois-tu que ce spectacle est féerique,
Je te vois sourire de ce paysage beige diamanté,
Mais sais-tu quel prix paye là cet arbre délaissé,
Je te conjure badaud ne crois pas l'hiver magnifique ;

J'eus vu cet automne une bogue au nez camuse,
Et d'un rire poupin, je souriais ne sachant pas,
Guillaume me rassurait et sa plume sur mes pas,
Croyant l'hiver beau, je raillais la nature ma muse ;

Inconnu avec moi espère demain l'hiver en fuite,
Nous rirons ensemble de voir les jolis bourgeons,
Aux doigts de ces miséreux gelés en leurs troncs,
Demain, le printemps nous contentera la suite ;

Hiver mon âme a peur,
Que demain, la saison,
Soit ma pire oraison,
Que l'été y mourra de frayeur

Spleen *(les feuilles)*

Les feuilles de la saison couvrent ma stèle,
De marbre gris où l'oriflamme s'efface lentement,
Comme les ans qui passent et délabrent le présent,
courent mortes croquantes d'arbres, la mort veille,

Les feuilles de la vie portent l'espoir et l'envie,
Que le hasard assassine, sans qu'on ne le devine,
Toutes ses notes, que l'âme alcoolise et avine,
Un soir de désespoir, quand l'esprit a bu la lie ;

S'effeuillent les feuilles du temps des poèmes,
Que nos vingt ans sont loin quand ce marbre,
N'est plus que le toit de ce home trop glâbre,
Où l'on emmène les maux d'émaux d'un, je t'aime ;

À l'éternité quelques vers d'amour auront cours,
Aux lèvres des amants qui se font cour au présent,
Et d'un regard égoïste ignorent nos stèles maintenant,
Feuilles d'automne couvrez ma stèle pour toujours...

Mort au présent

Au loin trace du temps résonne,
Idée-y vagabonde humeur grise,
Que le vent emporte à une église,
Qui marque l'absence qui y sonne ;

Clocher d'ardoise touche les nuages,
Et les traces des unions se fondent,
Dessus telle la raison des iris ronds,
De nos yeux qui n'y voient présages ;

Ne tinte plus que glas final de l'âme,
Oraison d'un passé qui fuit vers demain,
Où après la nuit s'échappe de la main,
Petite trace d'étoile, mot d'oriflamme ;

Nos illusions mortes dans ces vils vents,
Sur étendard de peines disparaissent,
Et les nuages de pleurs nous délaissent,
Demain n'est plus dans la mort au présent.

Spleen de Dante

Silence rampant telle une vipère,
Que seule harpie adule en seing,
Fait taire l'âme à l'esprit malsain,
Que dite, ô signe source délétère ;

Mort au nez crochu, venue ici-bas,
Par le Styx rouge dans mes veines,
Blasphème icône de mes viles peines,
Emporte-moi l'arme lustrale du trépas ;

Ma chevelure est nœud de vipères,
Femmes infernales y cherchent poux,
Lents suprêmes vaillants hiboux,
Cette nuit tuez les âmes trop amères ;

Ô mère que n'as-tu mis bas ce jour,
En me créant moi monstrueuse bête,
À qui même une harpie ne ferait la fête,
Belzébuth garde moi en enfer toujours ;

Méduses, harpies, vipère, mes amies,
Je sombre vers la mort moi le vil poète,
Que vous sachiez en un tête-à-tête,
De mots sataniques me tuer ô mes mies...

Spleen d'hiver

Hiver cueille l'automne solitaire,
Mon âme ne sait plus que faire,
La voûte céleste est un bouquet,
Certes, mais de pétales de regrets ;

Hiver faiseur de gerbes épineuses,
Haies d'aubépines ô malheureuses,
Bordent les chemins creux du ciel,
Où ma supplication est sans réel ;

Bouquet de pleurs sang hivernal,
Fleurit dans mon cœur si automnal,
Qu'en ton absence, m'y perdrai-je,
Ô, je l'espère, mourir sous la neige ;

Sang glacé en mes veines n'est rien,
Sans toi, je ne suis plus qu'un vaurien,
Un poète éphémère qui trépasse ici,
Quand passe le malheur au ciel si gris...

Spleen. 1

Quand le ciel bas torture mon âme,
Coule sur mon visage la pluie infâme,
Je suis au fond du puits de mon ennui,
Où un tireur rejetterait du seau la lie ;

Je m'enfonce dans ces viles vases gluantes,
Vulgaire salmigondis d'idées torturantes,
Adonc, j'essaie de gravir vers le soleil,
Je m'élève, glisse sur les pleurs du ciel ;

Trou sans fond de ma vie m'attire ainsi,
Quand fuient mes idées aux cieux si gris,
Ô corbeaux ; tristes, augures des peines,
Sont seuls compagnons de mes déveines ;

Puits de l'enfer, inexorablement, me tue,
À petit feu sous l'eau à mon visage reçu,
Gonfle le Styx qui me conduit en enfer,
Où brûle larmes, de dieu tristes délétères.

Spleen. 2

Quand les cieux embués et blêmes,
Sont reflet de mes yeux bohèmes ;
Cris en thèmes des morts résonnent,
Où les chrysanthèmes s'y adonnent ;

Ô ciel glâbre aux nuages de marbre,
Deviens l'âme où le beau se délâbre ;
Quand l'esprit marbré de ce listel,
Est acide telle l'eau de pleur de sel;

Goût âcre et fétide n'est que l'envie,
Quand venelles du ciel sont sans vie;
Qu'ils sont le boulevard de la mort,
Pour fiacre de faucheuse en décor ;

Solitude prison de l'âme de certitude,
Où ne subsiste que l'ennui par habitude ;
Paradis imaginaire devient notre désir,
Vivre libre même s'il faut pour cela périr ;

Spleen

Érato, je pleure.

Érato fut le temps de thermidor ma muse,
Inconditionnelle, éphémère de Flore au pré,
Insouciante du prédicateur, et griffe de buse,
Qu'est-ce rapace de ciel de vendémiaire cendré ;

Moineaux et gaies se furent sustenté des raisins,
Vendangeurs eurent grappillé chais et merveille,
La vigne n'est plus que l'ombre de ces matins,
Poupins candides que belle égérie eut sous son aile ;

Tel, un cénobite, je priais avec mes mies et déesses,
Érato n'eut en cette ère que rayon d'or virtuose,
J'eus oublié ce vilain cerbère gardien des tristesses,
Même que frimaire eut été chassé par nivôse ;

Le froid a éradiqué ma muse, ô cerbère délétère,
Tu es hiver ou gardien de l'enfer monstre de bête,
Je ne suis plus qu'un anachorète l'esprit trop amer,
Troubadour désabusé par une saison sans tête ;

Ton visage aux yeux dilatés m'effraie et je sombre,
Tu cherches dans les cheveux de méduse la laideur,
Comme hier, j'eus cherché le beau que tu ombres,
Peut-être demain Érato sera là avec la chaleur ;

Je m'enfonce dans les ténèbres moi le trouvère,
Vilaine, tu ne méritais pas un poème, toi saison,
À l'heure où la nuit se morfond en ces noirs vers,
M'importe à moi le maudit d'érailler ma raison. ...

Spleen

Mon dieu laissez le moi...
Édith Piaf pour Marcel Cerdan.

Mon roi, apollon de mon cœur où vais-je,
Tu fus le champion du monde de mon amour,
Comme tu le fus des boxeurs et pour toujours,
Aujourd'hui par mes yeux coule ce nom que n'ai-je ;

Mon dieu, pourquoi m'as-tu repris mon amoureux,
Dans ma tête sonne le fracas des tôles grises,
De l'oiseau de fer explosé en ce ciel de méprises,
Ce jour-là, je crus bien te maudire mon Dieu ;

Hymne à l'amour, il fallut une ôde à ta mémoire,
Même en mes pires souffrances morales sur scène,
Ma complainte fut pour lui Marcel mon mécène,
En larmes presque à en être aveugle en ce noir,

L'amour est ma croix, la maladie aussi mon aimé,
Tu es présent même absent, sous la morphine,
Je chante et mon esprit rejoint ton âme divine,
Mon boxeur, mon esthète, en mon cœur gravé.

Nostalgique campagne...

Triptyque virtuel.
(Musset Sand Poète Rêveur)

Alfred De Musset.
Sous la plume du poète rêveur

Tant d'angélus eurent loué ces champs,
Bien avant quand ces ablais à terre,
Furent balayés par le vent telle la mer,
Où le beau prime dans l'omniprésent ;

Sempiternel roi que je fus malgré tout,
N'aie empêché ces joncs de mourir ici,
Ce lit de paille froissée n'est que sursis,
Ces reflets d'or seront bientôt si brou ;

Mon aimée, je laisse mes vers pleurer,
Sur un air de piano aux notes noires,
Qui n'est que le récital, des âmes moires,
Que les amants laissent d'encre verser ;

Tendre compagne loin de vous, je meurs,
Et sonne l'angélus sur votre campagne,
Qui est devenue rime d'une montagne,
Où Dante est maintenant son sonneur...

Nostalgie de campagne (2)

George Sand.
Sous la plume du poète rêveur

Mon ami, eut-il fallu vivre dans la peine,
Et souffrir si notre amour fut éteint,
Combien d'amants eurent ce vil dédain,
Avant nous, faussement vécus en scène ;

Moi, j'ai prié plus tard que le coucher,
Vu tant d'angélus mourir d'une larme,
Sur ces blés d'or aux prés sans charme,
Que cachent les nuages d'un ciel cendré ;

Sur votre corps dérivant vers le paradis,
Je me souvins d'une main palpitante,
Avoir caresser votre âme tremblante,
Aux battements de votre cœur de rubis ;

Quand moi aussi, je serai au pré d'or
Des poètes disparus, je vous conterai,
Combien après vous, j'ai eu de regret,
Tous ces mots tus seront, mon remord ;

Nostalgie de campagne (3)

Poète rêveur.

Belle littératrice et joli prosateur, ô amis,
Désespoir aurait été de ne vous lire,
Dans ce clair-obscur au son d'une lyre,
De l'angélus des anges de votre paradis ;

J'aime l'affinité de vos âmes littéraires,
Et la sculpture de vos jolis visages,
Qui semble des rimes aussi sages,
Moi qui ne suis qu'une âme ordinaire ;

J'admire votre amour même s'il ne dura,
Que le temps d'une saison par les prés,
Vendémiaire sut par ces blés pourprés,
Achever l'amour qu'aucun autre n'écrira,

La joie m'étouffe d'écrire vos vies,
Vous, gloires de mes nuits sans sommeil,
George, Alfred, vous êtes mon soleil,
L'idéal de la complicité et des envies ;

Que dieu me donne un jour la chance,
Avoir un amour aussi pur que vous,
Et d'être un poète du vers en bijoux,
Pardonnez-moi mon outrecuidance ;

L'adieu est mon souvenir

Avec le concours virtuel de Guillaume
Apollinaire avec son poème l'adieu.

Poupin innocent qu'un rien amuse,
Je jouais d'une bogue au nez camuse,
La forêt me conta d'un air automnal,
L'histoire de la verve d'un poète royal,

Sous une voûte au ventre arrondi,
Prête à éclore dans ce ciel rubis,
Je devinais l'arbre flatteur quérir,
De ces doigts, ce qui fut un sourire ;

Maistre, je sais à présent pleurer,
Sur la feuille blanche d'un châtaigner,
Et que cette bogue pique de son doigt,
Le souvenir enfantin au fond de moi ;

Je grave dans un sillon cette illusion,
De vous avoir reconnu en ma désillusion,
Comme vous, mes tourments sont des vers,
À l'automne, sous des rimes moins amères ;

Souvins tant de ce temps pur amour,
Poupin qui ne sut peine en ce détour,
Forêt fût couffin de mon automne,
Que portait mon sourire si monotone ;

(adieux de Guillaume Apollinaire)

J'ai cueilli ce brin de bruyère
L'automne est morte souviens-t'en
Nous ne nous verrons plus sur terre
Odeur du temps brin de bruyère
Et souviens-toi que je t'attends

Poète rêveur
Je me souvins ami poète ce matin,
Au dédale d'un poème d'odeur bruyère,
Que j'ai cueilli au creux de votre main,
Dans la forêt de votre poésie mère,
Du souvenir où dorment vers enfantins ;

Spleen virtuel *(Chopin pour Sand)*

Morte saison écrit son dernier récital,
Sur la mare au diable, pays de sorcier,
Ride de boue est miroir de mon regret,
Mon enfer, Dante aux notes de cristal ;

Quand la mort sonne arrive la vérité,
Celle du mot que nos bouches eurent tu,
Quand s'y prêtèrent tous ces dons reçus,
Mon piano s'éploie et en reste si muet ;

Demain amie, je serai dans la barque,
Qui conduit en enfer, qui es-tu Satan,
Peu importe, car elle porte mon sang,
Je plie sous l'ennui, ô l'absence me arque ;

Amour quand les blés d'or au soleil,
Seront alités, je ne saurai plus composer,
Prenez ma plume au souvenir d'aimer,
Pour que vous écriviez encore à merveille ;

Spleen virtuel *(Apollinaire pour Lou)*

Passe la seine où, les feuilles coulent,
Tombées sous le canon et s'écroulent,
Calligramme s'efface dans l'eau si brou,
Sous le vent qui ébroue votre nom Lou ;

Barbare guerre criminelle oubliais-je,
Pensant effacer sourire que n'ai-je,
Mon amour, c'est vous qui m'avez suicidé,
Même ici, je ne l'oublie dans ce vil charnier ;

Passe l'eau de seine avec le sang,
Celui des morts ; mon âme sent,
Lou sans vous m'importe l'horreur,
Si mon dessin n'est plus, ce bonheur ;

Finirai-je ainsi quand sonne le glas,
Sur un champ d'honneur ô ciel ingrat,
Délivrance arrive, la fin est si proche,
Vous oublier, je n'ai pu là est mon reproche.

Spleen virtuel *(Hugo pour sa fille)*

Eus-je vu ici même, coquins à becs roses,
Odeur d'un, je t'aime, aux cieux moroses,
Mauvais augure, corbeau de fureur,
Lacére, ma poitrine de cette horreur ;

L'aube oubliée de soleil est si rouge,
Tel, mon cœur déchiré à coup de vouge,
Ma vie, ma raison, mon sang, j'en crie,
Léopoldine, mon enfant, mon paradis ;

Tout est odeur de sursis maintenant,
Pour vivre en ta mémoire, mon enfant,
Même dieu saigne sur cette voûte,
Où j'y devine ô délétère sombre route ;

Pourrais-je vivre sans ton sang mon amour,
Quand ce même, ombre le soleil du jour,
Ma vie est ma croix de vivre sans toi,
Eus-je dù mourir avant ce vil effroi.

Regret éternel

Alfred De Musset, George Sand duo virtuel

(Alfred De Musset Texte original)

Porte ta vie ailleurs, ô, toi qui fus ma vie ;
Verse ailleurs ce trésor que j'avais pour tout bien.
Va chercher d'autres lieux, toi qui fus ma patrie,
Va fleurir, ô soleil, ô ma belle chérie,
Fais riche un autre amour et souviens-toi du mien.

(George Sand, réponse virtuelle, poète rêveur)

Loin de ton cœur ami, crois-tu qu'est l'oubli,
Celui des matins, où le bonheur fut ta main,
Lettres gravées émaux de cœur, or ou rubis,
Fuient plume, quand il n'y fleurit plus rien,
Amour gravé, loin de France trace mon ennui ;

(Alfred De Musset Texte original)

Laisse mon souvenir te suivre loin de France ;
Qu'il parte sur ton cœur, pauvre bouquet fané,
Lorsque tu l'as cueilli, j'ai connu l'Espérance,
Je croyais au bonheur, et toute ma souffrance
Est de l'avoir perdu sans te l'avoir donné.

(George Sand, réponse virtuelle, poète rêveur)

Que je fusse ta rose n'en doutes point en l'absence,
Toutes ces heures eurent fané, mais reste à graver,
L'ineffable mot d'amour, sempiternelle défiance,
Ne crains tendre ami que d'autres puissent t'aimer,
Tu m'as donné bien plus encore, que l'espérance.

(George Sand, virtuelle poète rêveur)

Mon bel amant eut-il fallu que le mal vous gagne,
Pour que je comprenne que l'amour est un bagne
Que votre cœur aille si mal mon aimé pour qu'il y vît,
Tout l'amour que mes yeux étoilés y eurent versé,
En perles d'amertume au courant de vies brisées,
Que ma plume en votre âme, vous poète si pur, écrivît ;

Alfred De Musset texte original.

Te voilà revenu, dans mes nuits étoilées,
Bel ange aux yeux d'azur, aux paupières voilées,
Amour, mon bien suprême, et que j'avais perdu !
J'ai cru, pendant trois ans, te vaincre et te maudire,
Et toi, les yeux en pleurs, avec ton doux sourire,
Au chevet de mon lit, te voilà revenu.

(George Sand, virtuelle poète rêveur)

Je vous aime, oncs sentiments n'en doutent en moi,
Mais la vie désunie les amours en pleurs parfois,
À votre chevet, mon ami, je le devine encore plus,
La main posée sur votre cœur, je ressens la souffrance,
Espèrez mon amour que je n'y voie pas la délivrance,
Quand vous serez étoile, brillera l'amour que j'y ai vu

Alfred De Musset texte original.

Eh bien, deux mots de toi m'ont fait le roi du monde,
Mets la main sur mon cœur, sa blessure est profonde ;
Élargis-la, bel ange, et qu'il en soit brisé !
Jamais amant aimé, mourant sur sa maîtresse,
N'a sur des yeux plus noirs bu la céleste ivresse,
Nul sur un plus beau front ne t'a jamais baisé !

Mon chopinet

Sand pour Frédéric Chopin

Sous la plume du poète rêveur

Mon chopinet, l'aube s'éveille au fond du bois,
Soleil ouvre son palais, nuages sèment la rosée,
Ma plume s'éveille, l'encrier pleure d'un air pantois,
Paresse l'écriture, elle fertile ma bien-aimée ;

Me souvins-je paysage berrichon et ses bruyères,
Eurent vu tant de candeurs, aux lueurs des matins,
Quand je t'écrivis amour, vagues d'or des mers,
Ne doutant qu'elles échouèrent les belles de satin ;

Même en l'absence de mélodie, l'âme s'enorgueillit,
Ô, eus-je sentie en notes à ce piano de palissandre,
Litz en eût été jaloux, de ce son ineffable qui frémit,
Partition est feu, air laisse mon esprit s'épandre ;

Souvenir se trace en sillons grèges sur ma feuille,
Les bois se dénudent, résonnent les vents huant,
Bougie s'est éteinte, ma plume d'ennui s'effeuille,
Aucune rhapsodie, là, sont mes tourments blessants.

Dante symphonie

Frédéric Chopin pour George Sand

Sous la plume du poète rêveur

Belle amante, piano se meurt et pleurent les notes,
Ouvrage à ma vue, hiver à Majorque fuit à l'océan,
Je divague au souvenir, Litz seul pour l'anecdote,
Saurai-je composer, rhapsodie en mon âme céans ;

Toutes les mers de notes, cristal pur à mes doigts,
Où je ne vis que l'horizon, s'effacent de ma vue,
Mes yeux, reflet de mare au diable sont désarrois,
Douce littératrice, amour mon inspiration est perdue ;

Petite fadette, blés d'or des fenaisons dénotent,
Ô combien ses effluves eussent ému tes écrits,
Je lus ton Berry, y vis l'enfance sans fausses notes,
Trace d'aube de ta vie, courant les près organdi ;

Ne me reste aujourd'hui, que la note Dante symphonie,
Vile réminiscence de notre tout premier tête-à-tête,
Amie ton absence déchire mon piano de tragédie,
Tu fus la muse de cet instrument et son épithète ;

Chaume de Cordeville

Comme tombées ès plaines, vielles masures craquantes,
Huis bas aux fronts, Fenêtres étroites et chancelantes,
Sous un ciel bleuté, rayé de tissus de lin d'atours de rois,
Si miséreuses qu'elles soient, nulles idées ne sont de désarroi,

Arbres échevelés, danse tellurique d'un paysage ivre,
Ciel arabesque, fou de vent telle la page folle d'un livre,
La maison en pierre, étonne nos regards par son toit,
Telle, la vielle couverture mitée d'un roman maladroit

Le ciel semble ensorcelé tel un œil dans son orbite,
Le voyant, on est tenté de croire que le diable y habite,
Œuvre magistrale en cette toile est juste dantesque,
Des couleurs jetées en sillons dans un vent titanesque

Comme nées d'un volcan, masures dansent de flammes,
Couleurs crient comme sous un magma qui s'enflamme,
Vielle chaume repose toi de quiétude, tu as ton étoile,
Au ciel des artistes feus, Van Gogh a l'œil sur ta toile.

Pablo Picasso à Apollinaire (1)

Mon ami, il y a des âmes faites pour briller,
Souvins t'en, nos vingt ans, bateau lavoir,
L'onde de renouveau créée du désespoir,
Grisèrent nos illusions en alcool à s'aimer ;

Ô mon ami, certains te diront ce que fût,
Ce jour de déraison ; année universelle,
Certes, notre fierté fut, ce bon Eiffel,
Ô, tu sais bien mon ami ce que j'y aie vu ;

Beauté des impressionnistes latents,
Que même Braque eût hué de si haut,
Et que toi, tu saluas de ton chapeau,
Arts avant-gardistes furent tes présents ;

Faisons de ce temps à l'étude passée,
Une base et non-certitude acquise,
Telle belle dame se prenant marquise,
Tu es l'art rêver ce que tu eus poétisé ;

Pablo Picasso à Apollinaire (2)

Souviens t'en pont Mirabeau où coulent tes vers,
Dans la Seine fuient mes peines du quai des mères,
Terres fertiles qui ont donné tes poèmes adorés,
Ô combien même d'amour aux anges tant aimés ;

Roule l'eau et porte mes regrets vers la mer,
Comme seule Marie sut y voir ma chimère,
En une toile que ses doigts pastel dessinèrent,
Adoucissant mes pleurs où les maux s'aimèrent ;

Mon ami, oui par les larmes, j'ai gravé ton nom,
Un matin sur un champ de bataille de renom,
Ton âme blessée parla aux étoiles de la voûte,
Par ma main au fusain, je croquais cette déroute ;

Que trépassent les idées ravageuses de la déraison,
Et ne subsistent que tes mots de vers comme leçon,
Tant de pluies d'étoiles sur de petits bois vergogneux,
Où le regret de l'automne sera toujours sous nos yeux ;

Pablo Picasso à Apollinaire (3)

Les vagues de seine sont telles un manteau,
Qui cache le malheur de ses rides atroces,
Ô combien tu sus lire dans ces lits d'écorces,
L'atroce solitude de l'âme esseulée de ce hameau ;

Bien plus qu'un palais l'eau déborde de trésors,
À qui sait y voir à travers les traces du temps,
Comme larmes aux visages de nos doux printemps,
Qui déjà fuient au passé tels les écrits en or,

Seine, tu es devenue royaume futur par mon ami,
À l'éternité pont, Mirabeau, je viendrai y pleurer,
Toutes larmes de regrets sont icônes à espérer,
Qu'un jour finira à la mer tout ce goût de l'ennui,

Aujourd'hui dans la roche, je grave ton nom,
Que les étoiles verront pour plus d'un millénaire,
Calligramme d'un Picasso pour son ami Apollinaire,
Marie te louera ces couleurs étoile de renom.

Pablo Picasso à Apollinaire (4)

Étoile de mon ciel, or, portant plus que cent mots,
Où tombent de l'astre d'émaux, vers de tes rimes,
Je devine ces belles, fleurir jusqu'aux bouts des cimes,
De les voir bourgeonner aux doigts de rubis d'angelots ;

Pour toi dans ce capharnaüm céleste, je dessine,
D'un trait de pinceaux, le visage de ta chère,
Ô mon ami, je veux ressentir la joie en ta chair,
À voir dans les yeux de la lune, ce que je devine,

Comme au temps des amants, bien avant de partir,
Je te revis aux pieds de cet édifice de fer froid,
Où j'y vis le corps d'une femme au cœur de l'émoi,
Railler de haut par Braque comme pour me punir ;

Ton libéralisme a fait ce qu'est mon art aujourd'hui,
Alcool, poème précurseur à l'écriture abstraite,
Toi seul, tu as osé, sous ces critiques en tête-à-tête,
Dors en paix cette nuit avec Lou au paradis...

Pablo Picasso à Apollinaire (fin)

Regret du peintre.

Laisse-moi jeter une dernière pluie d'étoiles,
Petite bruine de perles roses sur ta stèle marbre,
Sous un ciel bleu qui a bercé un soir l'arbre,
Où nos vingt ans riaient sans peur des toiles ;

Peinture grise voile ma vie aussi, mais où irai-je,
Chemin du paradis mène parfois l'enfer du dédain,
L'incertitude de l'après de ne plus voir ce demain,
Où nous attend le souvenir noir, ô ami t'aimais-je ;

Demain, je serai étoile avec toi, importe l'endroit,
Même si Satan a bu, ensemble, nous festinerons,
Au bord du cimetière, les morts, nous réveillerons,
Pour leur montrer que nous sommes fiers et droits ;

Ami, pardon pour la toile d'un visage cassé,
N'y vois pas raillerie et admire cette jolie femme,
Qu'est notre union dans la mort sous la flamme,
Bruyère, futur jardin de la mélancolie si animée ;

Spleen de nuit

Bien après le crépuscule des anges,
Quand le solstice d'hiver hue la vie,
Que zéphyr verse les mots étranges,
Des mémoires menant l'arme de nuit ;
Où sont nos matins...

Quand fleur périt dans l'eau de l'ennui,
D'avoir cru à l'amour des jolies perles,
Qui roulaient sur ses pétales de rubis,
Avant que la tempête d'ans ne déferle ;
Elle était nos matins...

Quand nos âmes se tortillent d'effroi,
En ce passage sombre de déchéance,
Où la reine flore est feue en ce froid,
Que Minos espère notre désespérance ;
Où sont nos matins...

Jardin d'éros meurt au solstice d'hiver,
Où il n'y a plus que souvenir des roses,
Nous laissons nos vies en oubliant hier,
Nos âmes ne seront plus ses proses.;
Elles étaient nos matins...

Les vers s'égrènent en hiver

Le temps des violons (2)
Fugue

Joli palissandre étonne l'automne, invite les nuages hiémaux qui résonnent.
Stradivarius tes notes s'évadent, et arrivent l'hiver aux vents maussades.
Tes dièses résistent aux tornades, qui bientôt seront feus sous la pléiade.
Tu nous as enchantés tel un cicérone, tu palabrais, mais l'hiver t'a mis aphone.

Vents froids, vous chassez les notes, ils vous importent peu qu'elles ne dénotent.
Beaux arbres la saison vous délaisse, le froid vous gèle sous le soleil qui s'abaisse.
Violon le son de tes larmes nous blesse, tes ouïes gelées cèdent à la tristesse.
Le soleil flatte tes branches telles des ribotes, l'hiver n'est là plus rien
                                        ne te ravigote.

Centenaires vos troncs sont gelés, les croches restantes sont inanimées.
Fini le temps des belles symphonies, des nobles cantates porteuses de magie.
Les noires et les blanches cèdent à l'ennui, elles tombent des branches
                                        sous un ciel gris
Tu vois les belles chuter à terre et se briser, elles faisaient de si jolis airs égayés.

Joli palissandre ne tremble plus de froid, sans le savoir une âme naît en ton bois.
Ton cœur gelé livrera un jour ses secrets, finement ciselés ta peau sera
                                        lisse au luthier.
L'émotion que tu portes en toi enfin libérée, tu en enchanteras
                                        à merveille un archer.
Ton âme communiera alors à nos joies, ouïra de somptueux adagios
                                        au son de l'émoi.

Plus rien ne subsiste dans cet hiver, que des vents froids aux pensées amères.
Des branches nues regardant le sol, pour voir les notes qui s'étiolent.
Hier encore au soleil, elles si frivoles n'évoquent plus au vent les paroles.
Belles de cristal nous étaient chères, et aujourd'hui, la partition est austère.

La neige arrive aux branches nues, que peut le soleil qui s'évertue.
Les vers s'égrainent dans cet hiver, et les notes fuient dans la bruyère.
Les flocons virevoltent de colère, à vouloir être des notes d'or si fières.
Hiver, tu es chimère aux âmes déçues, mais les violons savent le printemps cossu.

Printemps de poète

Quand printemps reviens vêtu d'une si belle robe,
Nature, humide de larmes d'hiver sèche ses yeux,
Majesté céleste de sa manteline[1] grise se dérobe,
Nuées de gouttes d'aiguail[2] brillent de mille feux ;

Bois des saisons mortes s'éveille aux sons de la vie,
Petits grains d'espérance se grisent de bonheur,
Sous cette mer grise de nuages de l'aube[3] de nuit,
Qui fuit à l'horizon rassurer les saules pleureurs ;

Ire[4] des neiges pesantes à la mine pâle hiémale d'hier,
N'est plus qu'un xylolâtre[5] endêvé[6] aux si fines caresses,
Qui flatte les bourgeons, oubliant temps de l'hiver fier,
Qui ne peut duire[7] à la belle forêt cette douce prêtresse ;

À peine sorti de son air somnial[8] le soleil s'enorgueillit;
De porter sous ses velours pourprés[9] le printemps,
Qu'un poète saura dessiner dans le vers qui s'écrit,
Quand rimes gisent[10] sur un bois le matin au levant.

---

[1] Manteline. Sorte de manteau.
[2] Aiguail. Poétiquement rosée.
[3] Aube. Vêtement liturgique.
[4] Ire. Colère courroux.
[5] xylolâtre. Adorateur d'idole de bois.
[6] Endevé. Impatient.
[7] Duire. Convenir.
[8] Somnial. Qui se rapporte au sommeil.
[9] Pourpré. Coloré.
[10] Gésir. Coucher.

78

Chapitre troisième

Page blanche repose...

Iris céleste du jour peine à se glisser,
Les nuages refusent de s'empourprer,
Vélin de sa blancheur virginale espère,
Mes poèmes adorés éclosent à l'aube,
Gisent si, ne naît de mauve l'aube ;

Robe est si belle dans cette paresse,
De certains matins diamants de liesse,
Ma feuille nue là en ce jeu désespère,
À ne voir fleurir le ciel sous ses yeux,
Elle seule hier à l'aube fit mille feux ;

Bien avant le temps des regrets, amie,
J'ai vu tant de choses aurore si jolie,
Ma page, aujourd'hui, est reflet passé,
Certes, mais tristesse n'est point ici,
Mon futur attendant levé du paradis ;

Laisse la nuit te rêver pour ma feuille,
L'aube naîtra avec la rime d'or de feuil ;
Plume bientôt écrira ton poème adoré,
Amour si mes rimes peinent ce matin,
C'est que d'émotion paresse le vélin,

Vélin de sa blancheur virginale espère,
Ma feuille nue là en ce jeu désespère,
Ma page, aujourd'hui, est reflet passé,
Plume bientôt écrira ton poème adoré,

Secret de Nyx

La nuit tombe du jardin des roses,
Pétales coton deviennent narcoses,
Rêveuse, les étoiles de l'œil, elle caresse,
J'aime ces belles endormies des cieux,
Et le reflet méthylène de leurs yeux ;

La voûte à l'allure de lune paresseuse,
Phoebé d'albâtre devient si mielleuse,
Rieuse, sur la toile tes rêves, elle dresse,
Tissu ébène céleste ouvre ses draps,
Les étoiles se couchent en ses bras ;

Morphée, enfin, s'éveille d'une journée,
C'est l'heure de l'union avec son aimée,
La nuit est professeur des rêves,
Nyx est déesse de nuit et du sommeil,
Les songes vagabondent dans ce ciel ;

Féerie céleste est préambule de joie,
Dormeuses blanches écoutent la voix,
Les étoiles sont ces douces élèves,
Amour, ils feront tes plus jolis désirs,
Et Nyx sera reine de tous tes plaisirs ;

Rêveuse, les étoiles de l'œil, elle caresse,
Rieuse, sur la toile tes rêves, elle dresse,
La nuit est professeur des rêves,
Les étoiles sont ces douces élèves ;

Vœux d'Adonis...

Lune exauce mes rêves, prophétesse,
Peins-moi les étoiles en or et diamant,
Ne vois dans ce ciel que l'omniprésent,
Vénère la nuit, Adonis de délicatesse ;

Telle Myrrha nous donnant la beauté,
Nuit enchanteresse, vois ici mon envie,
Je serai Apollon, pour aimer ma chérie,
Je vénérerai belle aphrodite, mon aimée ;

L'aube chiffonne la table des reines,
Et les belles finissent sur mon papier,
Je dessine le culte du vœu inavoué,
Simplement sur ces sublimes plaines ;

Mon amour, mon Aphrodite, je t'aime,
C'est si bon quand ta peau respire,
Et que l'odeur du temps m'en inspire,
Bien après que belle lune soit blême ;

Tu seras à jamais sous l'œil de Phoebé,
Mon plus joli poème de nuit étoilée,
Sans qui je ne sus écrire la beauté,
Adonis ne peut être par toi jalousé ;

Reste ma prophétesse, Nyx ô déesse,
Je serai Hélios pour te mener le jour,
Pour voir ta beauté ô tendre amour,
Tu seras à jamais divinisée ma princesse ;

Dans le vent

Les amants marchent dans le vent,
Que porte la main d'un petit matin ;
Bruine de floréal court au champ,
Où ces âmes se pâment l'air poupin ;

Tel fin paraclet saison douce rassure,
Les amoureux qui festoient au lever ;
Le pleur de nivôse a rendu pré si pur,
De cette eau lustrale d'un ciel désabusé ;

Ces êtres presque invisibles des dieux,
Cachés en des fourrés caquettent déjà ;
Seul en écho de l'aube voix d'amoureux,
Don unique d'un rossignol au loin là bas ;

Main dans la main, cœur contre cœur,
S'en vont rose et lys, des amants unis ;
Guéret stérilis désunit de tout malheur,
S'enorgueillit de l'aiguail couleur rubis ;

Fiançailles de floréal sont uniques,
Quand le soleil s'en revient de l'hiver ;
Amours flamboient de sons magiques,
De Flore et Zéphyr sous ce ciel fier ;

Le passé au présent n'est que futur.

Le passé. ...

La flamme de l'âtre s'époumona sans me réchauffer,
Tant de fois en ces nuits incertaines de désuétude,
Ses cris huant ne parlèrent que de ma solitude,
Seul le foyer de la cheminée resta à me parler ;

Les paupières ébènes du jour restèrent closes,
Bien trop longtemps aux échos de mon ennui,
Que ce feu désespéré railla de tout son mépris,
Ô, je le vis tant de fois ne m'apportant nulle chose ;

Je pensais en ces temps incertains la nuit éternelle,
Comme les regrets des amants désunis à jamais,
Qui oublient ces heures où le merveilleux parlait,
Sous un soleil trop fier, que balaie vent de treille ;

Saurai-je tuer ce soleil de stuc qui tue lentement,
Comme Héraclès terrassant Nessus à la rivière,
Pour reconquérir mon amour feu et en bière,
Passé, tu m'as tout repris, j'espère au présent ;

Fin de l'acte 1

Le passé au présent n'est que futur.
Présent.

Y a-t-il une décoction pour panser le mal de l'âme,
Qui ronge un cueur éploré, quand son feu est stérilus,
A-je subodoré tant de fois au déclin de l'angélus,
Aussi froid que ces braises d'âtre et cette flamme ;

Que vous fissiez de moi un sigisbée ma tendre,
Je saurai rallumer ce soleil éteint dans le passé,
Bien plus qu'une saison, je saurai être votre été,
Pour le peu que vous fussiez amour sans attendre ;

La cheminée est froide depuis un long moment,
Les pierres ne craquent plus dans cette maison,
Peste de vent hiémal a fui avec la morne saison,
Vous seule résidant ici, ô mon amour à présent,

Laissons les réminiscences du passé au grenier,
Jetons la clef et n'y pensons plus ma chérie,
Vous serez mon futur et le feu dans ma vie,
Pour vous duire, je serai été et votre aimé.

Fin du 2.

Le passé au présent n'est que futur
Futur.

Soleil, timidement, s'épanche sur l'épaule du ciel,
Où perle de ces hanches une rosée ouatinée,
Animée par le vent d'une aile de feuille égarée,
Qui n'est que la page d'un livre d'été à l'oriel ;[11]

J'aime le matin quand les volets de vos yeux,
S' ouvrent ainsi pour que je voie ce cueur rose,
Où l'aiguail d'été lentement roule et s'y pose,
Vous êtes en cet instant le roman d'un ciel valeureux,

Quand les cordes, or de lyre du soleil y paressent,
Et que les doigts des anges y jouent en douceur,
Vous êtes encore plus belle mon amour de chaleur,
Saison de mon cueur voyez là toute mon ivresse,

Souvenez-vous hier ;

Seul le foyer de la cheminée resta à me parler ;
Ses cris huant ne parlèrent que de ma solitude,
Tant de fois en ces nuits incertaines de désuétude,
La flamme de l'âtre s'époumona sans me réchauffer,

Voyez à présent mon amour ;

Vous seule résidant ici, ô mon amour à présent,
Peste de vent hiémal a fui avec la morne saison,
Les pierres ne craquent plus dans cette maison,
La cheminée est froide depuis un long moment,

Sachez mon futur...

Soleil de mon cueur mon été laissez moi vous aimer,
En gage, je pose sur votre front d'opale bise rose,
Par mes lèvres amours aux reflets d'une jolie prose,
Qu' elle soit à jamais future éternelle de cet été...

---

[11] Fenêtre de comble

La fin de l'hiver

Il eût bien fallu que l'or soit mis en scène,
De nouveau en ce ciel du grès qui l'abîme,
Qu'il sut être de faïence où le beau prime,
Que les étoiles brillent pour toi ô ma reine ;

L'encre figée à mes doigts n'écrivait que dédain,
Déesse, tu es venue par ces venelles magnifiques,
Qu'est un soleil d'amour aux cheveux d'or uniques,
Je vois l'aube morose d'hier fuir ce doux matin ;

Tu es la promesse d'un été tombé du ciel,
Quand ma raison est effacée et trop abîmée,
Et que rien ne laissait deviner sa tendre aimée,
Que la solitude priverait nos vies d'un joli éveil ;

Je ne sais plus si je suis hiver ou printemps,
Avec toi, j'ai l'impression d'être été ma chérie,
L'amour a-t-il un âge de raison, où naît l'envie,
Mon trésor quand on aime il n'y a de vils temps ;

Le soleil lève son voile ébène...

Le soleil lève son voile ébène de grâce,
Les voleurs du jour, ces coquins gris,
Dans le ciel vivent un instant de sursis,
Qui de leur rapine ne laisseront trace ;

Entre chien et loup, j'aime voir ces jeux,
Où le rideau des rêves balaie la terre,
Laissant la belle reposer, ô lune mère,

Souverain céleste brillera de mille feux,
S'empourprent déjà les gredins de nuit,
Dans ce candide matin, enfin, naît la vie,

Entre paresse et tendresse, je devine,
Toutes les caresses, de ce très bon roi,
Qui réveilleront mon amour avec émoi,
Alors je m'abandonne à toi ma divine ;

Amants vont par-delà...

Amants vont par-delà les champs,
Printemps et bleuets sont amants,
Coquelicots et ancolies sourient,
Sourient les nuages qui luisent;

Le vent a gardé l'hiver de l'année,
Passé est le printemps mon aimée,
Regarde la rosée couchée aux prés,
Dans ces herbes chaudes pourprées ;

Ferme l'huis de ce passé maussade,
Telle la neige qui reste en ce rade,
Que sont ces jolies berges salées,
Où dansent belles perles rosées ;

Printemps verse tes larmes de sel,
Venues des yeux par ce soleil miel,
Dieu endormi n'est qu'été patient,
Qui demain verra un beau présent

Silence de feuille

Sonnet.

Belle page de la candeur de l'innocence,
Combien as-tu dérobé de nuits, ici-bas,
Ta blancheur virginale me soulignant l'absence,
Pleur lustral de plume signant ce trépas ;

Encre d'un pas aérien unit des amants,
En ces profondes solitudes fuit la rime,
Sur le front de page en des vers apaisants,
Libère de mon cœur le verbe qui s'arrime ;

La plume et la feuille se marient la nuit,
Sous mes yeux cernés de poète bien heureux,
Cachant souvent mon regret que trop malheureux

Poème tel l'hyménée sacre lettre bénie,
Fait naître le soleil dans ce noir si abscons,
Disparaît sur la page silence profond ;

Messe des neiges

Les flocons de neige de l'hiver sont des lettres,
Toutes les prières adressées aux anges, ces soirs,
Où l'âme esseulée pleure en lisant ces vêpres,
Dans les étoiles brillantes, cachant leurs désespoirs ;

Certains dans ce tissu de lin au sol y écrivent,
La trace d'un nom, éphémère regret de larme,
Qui sera demain effacé et deviendra une arme,
Tel, un couteau frappant nos cœurs qui dépérissent ;

Au fond de notre esprit défait, nous espérons,
Ne serait-ce qu'un ange voyant nom sur la neige,
Et comprenant que l'absence à l'âme s'enneige,
Mais qu'au printemps, de la fleur, nous sourirons ;

Les lettres fondent au sol et l'eau est une messe,
Que demain, un ange verra sa rose enfin fleurir,
Et que c'est son nom qui porte ce beau sourire,
Regardons la neige telle une belle promesse.

Une larme dans la nuit

Dans ma nuit d'aquarelle,
Plume vagabonde ô ma belle,
Par les cils de la lune, je te vois,
Toi douce étoile en qui je crois,

Je devine une larme lustrale,
Rouler par ta joue astrale,
J'aime cette eau, opaline divine,
Qui au sillon de ma feuille avine ;

Belle danseuse ô ma douce plume,
Tu poses mots de ce que fument,
Tous ces vers arrivés dans ce noir,
Après que voûte eût caché le soir ;

Mon astre, tu éclaires mon ciel,
Vois mon poème s'en émerveille,
Demain, tu seras mon joli soleil,
Tel l'été né en hiver, or vermeil ;

Soir d'hiver

Par l'oculus, les soirs d'hiver, au son de l'âtre ;
Je regarde ce drap guipure froissé de pluie,
Qu'est le ciel surpris par l'absence et l'ennui,
D'un soleil parti si tôt derrière la lune d'albâtre ;

Roi du jour du fond de son palais tire sa révérence,
De ses doigts orange plisse le tissu du lit céleste,
Où les étoiles, bientôt, s'y aliteront d'un pas preste,
Pour réchauffer saison hiémale dans sa malveillance ;

Les cieux à cette heure où les carrefours sont vides,
Où même les chiens errants se terrent si fébriles,
Même pas un passant, en ces brouillards de vrilles,
Tombent ainsi ces nuits hivernales noires et avides ;

De ma soupente dans ce ciel teinté ocre rose,
Je vois une petite espérance un repos pour l'esprit,
Dans l'hiver au son de la cheminée j'ois ce répit,
Et dans les draps guipure, je vois une belle rose ;

Quand le soleil de ses doigts orangés caresse,
Le ciel et que la fleur y naît enfin, je revis,
Alors j'écris ce que personne avant n'y vit,
Et dans la tiédeur de la nuit ma rime y paresse ;

Promesse d'amour

Fine nappe au tain luisant accueille les belles,
Doucement, elles s'alitent en ce lit coton frileux,
Telles des milliers d'iris de reine sous les cieux,
Les étoiles d'hiver sont en ce lieu des merveilles ;

Étang, tu es si beau la nuit même dans ce froid,
Hiver hautain ton climat indiffère cette fleur,
Rose blanche, portant mille diamants de chaleur,
Perles d'astres égarées au temps de l'effroi ;

Nulle saison se saurait enlaidir cette promesse,
À l'éternité cueillir les roses blanches du voile noir,
Qu'est un ciel d'hiver voué par ce temps à nul espoir,
Pour en faire un bouquet d'amour à ma princesse ;

Étang souviens t'en de ce temps des amours bénis,
Où ma douce promise me donna fruit de sa bouche,
En un baisser à l'odeur de la rose qui me touche,
Ne pas lui rendre offrande ne fusse le nenni ;

Ma belle serre moi fort, laisse l'hiver se moquer,
Regarde l'étang est une mer de roses de diamants,
Où le temps d'une nuit, nous serons ses amants,
Même le froid ne pourra nous empêcher de s'aimer.

Présage d'amour...

L'automne efface doucement le temps,
Qu'un soleil de stuc croque en couleur,
Sur des arbres aux feuilles rouge sang,
Au bord de l'étang en mare jaune pleur ;

Dans la saison glacée des tourments,
Où passe le regret de ces amants,
Je cherche chaleur égarée, que n'ai-je,
Moi ici comme émoi, quand te verrai-je ;

Douce amie loin de toi coule cet hiver,
Sur les sombres forêts qui trépassent,
Du manque de chaleur d'un soleil si fier,
Dont se lasse le cœur quand tu t'effaces ;

Les nénuphars sur l'eau ici sommeillent,
Mais seront à ta venue de jolies merveilles,
Amour, tu es l'été, l'étang s'est effacé,
Grise amertume, sans toi, il ne sait aimer ;

Quand refleuriront les beaux paysages,
Couleurs de tes bras ici, je t'aimerai,
Comme le premier jour des baisers sages,
Quand ton amour fut, ce doux présage ;

Perle du cœur.

J'ai plongé dans l'océan de tes pensées,
Par tes yeux où j'y ai vu ce sentiment,
L'ombre des tristesses des nuits passées,
Quand la lune pleure, comme un enfant ;

Berges de ton cœur avaient l'odeur,
De ton âme, lisse au goût de l'espoir,
Je me suis immiscé sur cette fleur,
Rose aux pétales corolles d'un soir ;

J'ai vu ce qu'un visage ne peut dire,
La beauté intérieure invisible à l'œil,
J'ai lu sur la plage les pages à écrire,
Sur ce sable d'or en mots émaux de feuil ;

Ton bien est inestimable, ineffable,
Paradisiaque même que n'ai-je vu,
Avant le naufrage, cœur boréal,
Tu as en toi ce don que je n'ai reçu ;

Pourrai-je écrire à présent le paradis,
Quand ce même est ton cœur, tendre pensée,
Sans salir les rives de ce poème de rubis,
Que j'ai écrit, ma perle d'agate aimée ;

Par tes mots

À ton oreille délicatement, je pose une odeur,
Celle du soleil le matin, à voir ton éveil été,
Moi hiver glacé enfin, je cours vers cette ardeur,
Redevenir printemps par ce bonheur essaimé ;

Flocons de mon ciel grège deviennent ce que n'ai-je,
De ces bourgeons diamant éphémères envoûtants,
Que les nuages sèment telle une mer de belle neige,
Qui devient l'océan de rosée aux parfums caressants ;

Que chute à ton cou ces merveilles, mon amie,
Que je tais d'un «chut» ; pour qu'elles ne t'éveillent,
Mais finissent dans tes rêves sans mélancolie,
Que je vois en tes yeux ces mots qui te réveillent ;

Été prends ma main, que je cueille ton soleil,
Que j'ai déposé à ton oreille en de doux échos,
Pour que tu sois aujourd'hui un matin sans pareil,
Qui me fasse moi hiver en été par tes mots ;

Naissance

Pont levis de nuit chute à l'aube pourpre,
Roi se lève tend ses doigts en or par l'ouverture,
Se pose sur la voûte un parfum qui empourpre,
Quand le vent, le balaie de sa douce chevelure;

Lentement un voile de lin se pose au jardin,
Où s'enorgueillit une douce amie de soie,
Que pétales rendent si belle tel jasmin,
Laissant, l'horizon de nos cœurs sans voix ;

Belle amoureuse porte sa manteline,
Que l'air soulève la tenant de la main,
Pour faire honneur à l'odeur divine,
Qu'est la rosée alitée sur rose de satin ;

Révérence de fleur flatte ce bon roi,
Sur ce céleste autel nimbé d'or jaune,
Sous l'aube blanche teintée de l'émoi,
Bénie au jardin où jolie rose y trône.

Tant que les cieux sauront...

Tant que les cieux sauront mon âme surprendre,
D'une virginité dont Artémis serait si envieuse,
Que les doigts de Zeus sachent à moi s'étendre,
Pénétrant ma plume qui de rimes est sérieuse ;

Que cupidon louange l'écriture d'amour versé,
Qu'aucun centaure ne serait tué ô barbare,
Tel Héraclès brisant Nessus, au fleuve traversé,
Ma précieuse, lignes de mots sera, or si rare ;

Tel Éros mes vers te couronneront de roses,
Ma plume sera à pointe d'or et mon cœur arc,
Par tes yeux entrera la beauté de mes proses,
Bénies par L'hyménée sur ce ciel qui se arque ;

Que jamais la voûte ne voit les titans déchaînés,
Huant les vents que Poséidon craint sur les mers,
Qu'à jamais ciel, je te conjure, j'y vois vers d'or abîmé,
Sylphe ô mon cœur, soit prise de larmes amères ;

Si ce ciel est clément à ma plume douce compagnie,
C'est que tu y as chassé la pluie et le pleur,
Juste Zeus sur l'olympe, sur ton ciel de pur rubis,
Laisse en silence les anges écrire ce bonheur.

Ma divine

Toi ma douce, divin bouquet de mon amour,
Sentiment pousse par ma plume ce joli jour,
Tu es diadème de rubis posé sur mon cœur,
Quand fuit l'angélus, mon écriture est lueur,

Toi, belle angélique de mon âme vois-tu,
Prière des anges d'un matin que je n'ai vu,
Cette aube, tes cheveux sur l'oreiller sont, d'or,
Et à l'abri de tes rêves avec confiance, j'y dors,

J'étais un roi esseulé cherchant sa belle reine,
Tu es arrivée telle une rosée diamant de plaine,
Que Dieu de bienfaits darde de rayons au matin,
Et qui luit de milliers de reflets aussi divins,

Que ne saurais-je écrire de plus beau, amour au soleil,
De tes cheveux si beaux, toi ma douce merveille,
Reste un peu dans ma nuit pour la rendre belle,
Aurore en un mot au ciel si beau sera de miel.

Désillusion d'amour

Le vent dessine les noms des amants sur la plage,
Le vent balaie les lettres telle une belle page,
Les vagues roulent au rivage effacent l'amour,
Seul le soleil demeure ce sombre et triste jour ;

Ô, il eût bien fallu que les larmes soient crues,
Qui déborde des yeux sur la mer qui eut crue,
L'eau salée des iris blancs nacrés est écume,
Reflet du malheur que l'esprit acerbe hume ;

L'amour est illusion tel les cordes d'un corps,
Vulgaire marionnette présentée en joli décor,
Marionnettiste, tu te joues de nos pauvres âmes,
Que même l'eau de tristesse efface telles flammes,

Coffret parsemé d'or et rubis est notre tombeau,
Souvenir d'un semblant du beau que sont mes maux,
Amour, tu as joué de mes illusions, je le sais,
Ne reste que désolation de l'amour que je n'ai ;

Rime inverse de poète

Vague l'âme où divague l'onirisme,
Silence précieux de rêve, ô poète,
Bague de rose l'étoffe est charisme,
Stance délicate est, or en épithète ;

L'onirisme divague où l'âme vague,
Poète, ô rêve de précieux silences,
Charisme est l'étoffe rose de bague,
Épithète en or est délicate stance ;

Joyaux brillent, où l'encre déverse,
Plume de rubis pose, rime là s'arrime,
Château magnifique, en vers s'inverse,
Hume la fleur de poésie, rose prime ;

Déverse, l'encre où brillent joyaux,
S'arrime la rime, pose rubis de plume,
S'inverse vers en magnifique château,
Prime rose, poésie de fleur-là hume ;

Tu es mon ange de cœur

Trouble de mon âme, toi sublime dame,
Unicité de mon amour, mon épithalame ;

Entrée en mon cœur blessé, mon ange,
Secrètement, à y voir lueur étrange ;

Mes ailes caressent le doux rivage,
Oublié où le sable dessine l'image,
Nymphe énigmatique magique visage ;

Ange de mon paradis où naît l'envie,
Nullement éphémère de te combler,
Gente angélique icône berce ma vie,
Entre en mon âme aussi pour m'aimer ;

Déesse unique au reflet de l'incurie,
Éconduisant à jamais nuage de mépris ;

C'est avec émotion que je ferai de toi,
Œuvre de mon éden blanc de papier,
Une histoire unique de reine et de roi,
Réunis à jamais tels anges pour s'aimer ;

Sans toi, je ne sais pas...

Une feuille blanche est comme un clavecin,
Sans la partition, d'un maestro à l'or seing,
Qui ne susse abeausir pour tuer le silence,
Des mots sur les touches esseulées d'absence,
Qui voient l'esse d'un violon dans le chagrin,
Tel, mon cœur sans toi mon amour ;

Les lettres posées sur les notes de satin,
D'une poésie, sans toi n'est que dédain,
L'atroce mélodie du silence d'un ciel d'errance,
Tel, mon cœur sans toi mon amour ;

Sans notes d'excellence, la musique n'est rien,
Comme privé de soleil, une toile de Marie Laurencin,
Chaque lettre en or pour toi est une stance,
Que plume en notes d'or te donne d'abondance,
Pinceau, plume, sans amour à écrire sont vains,
Tel, mon cœur sans toi mon amour ;

Ma fleur

La petite fleur court les champs,
L'odeur du soleil alléchant,
Sommeille au pré de ma Flore,
Ô éphémère mirliflore ;

Pomone raille champ guéret,
Où tu es vis ma tendre aimée,
Fais de ses artifices, fi,
C'est toi Flore que j'écrivis ;

Beauté naturelle au vent,
Tourne l'âme que je ressens,
Que je sois alizé pour toi,
Caressant ce doux air que j'ois;

Musique de sylphe, je t'aime,
Son de pétales, or d'ut même,
Amour éphémère est flore,
Eternel parfum d'un soleil en or.

Neige d'hiver

Soleil souverain aux bras de velours,
Quand reviennent tes beaux jours,
Les cieux s'enorgueillissent du blanc,
Des anges aux sourires aguichants ;

La neige froide des vents hiémaux,
Au sol dessine des mots d'émaux,
La pureté réfléchit à nos âmes,
Qui deviennent de belles flammes ;

L'important de la saison s'efface,
Les froids flocons s'embrassent,
Les fleurs poussent sur ces rivages,
Quand ce lit sur nos cœurs s'ombrage

Les anges poussent les nuages,
Qui hier encore faisaient rage,
Amour laisse enrouler tes bras,
Aux mots de la neige en ces draps

Neige d'hiver (2)

Quand le soleil court à tout petits pas,
Sur les cheveux d'ange sur le ciel bas,
Bat le cœur des amants qui s'aiment,
Couchés sur les paroles qu'ils sèment

Retombent en voletant les pétales,
Roses de neige qui à l'âme dévalent,
Cascade du temps s'arrête un peu,
Sous les minutes qui suivent ces jeux

L'amour devient dans le cœur l'été,
Pour ces anges d'amour à l'éternité,
S'aimer dans le froid devenu chaleur,
Soleil le fait quand finissent les heures

La nuit tombe en cascade d'amour,
Et demain sera le plus beau jour,
Pour deux saisons qui s'unissent,
Quand les neiges froides finissent

J'ai rêvé

J'ai rêvé d'un monde où les anges étaient en paix,
Qu'ils n'avaient d'autre choix que de grandir heureux,
J'ai rêvé que le loup n'était plus la nuit dans la forêt,
Où erre la vilaine sorcière dont les anges sont peureux ;

J'ai rêvé d'un monde où l'argent n'était une valeur,
Que le diable convoite en vendant des âmes pures,
J'ai rêvé d'un monde idéaliste, où n'existe le pleur,
Ceux des anges que Satan vend aux âmes impures ;

J'ai rêvé que les princesses étaient des anges,
Respectés et vénérés avec défiance et respect,
Jamais je n'aurais cru qu'elles seraient louanges,
De démons hideux les salissants sans regret ;

Dieux que fais-tu pour les anges salis et bafoués,
Quand l'ombre du diable est sur leurs corps,
Que fais-tu pour ceux qui ont cru être aimés,
Par des monstres les menant à l'opprobre en décor ;

Accorde-moi le droit de croire que cela finira,
Un jour, je veux voir les anges grandir en paix,
Je ne veux plus jamais voir en forêt ce roi,
Qui aime les princesses pour son vice sans respect ;

C'est ma prière que j'implore en mirant les étoiles,
Je veux croire en la fin des misères de l'âme,
Que plus jamais leurs yeux ne se couvriront des voiles,
De pleurs qu'elles porteront toute la vie tel un blâme...

Une note de diamant a fait le printemps
Aria

Hiver, tu as dispersé tes jolis vers, laissant les branches nues sans airs.
La neige les a couvertes tendrement, elles dormiront jusqu'au printemps.
Ces prémices sont au soleil levant, il arrive pour chasser l'hiver déplaisant.
Les arbres, déjà, veulent lui plaire, et se dévêtent de cette neige amère.

Enfin renaissent les jolis palissandres, tel un feu sacré de leurs cendres.
Les jolies notes au sol sont en bouton, le soleil flatte ces beaux bourgeons.
La nature voit timidement la saison, qui enfin refleurira la douce partition.
Les arbres verront l'astre se détendre, et les douces notes enfin s'étendre.

Printemps sera violon d'Ingres coloré, et entendra la volute enfin libérée.
Les branches seront des chevalets, portant les cordes prêtent à vibrer.
La jolie éclisse par ce son traversée, verra les esses enchanter le cordier.
La résonance du joli bois égrisé, dira au peintre que le printemps est né.

Aux pieds des troncs, la terre dort, et le soleil en fera un si joli décor.
Les notes qui ont chuté sans plaisir, seront bientôt d'entrain à fleurir.
Elles feront la jolie symphonie à venir, qui verra même le peintre en sourire.
Les belles au sol telles des boutons d'or, seront l'encre des plus beaux accords.

Le soleil festoie déjà de ses rayons, qui seront baguettes des passions.
Elles effleureront en douceur la corde, qui donnera le La qu'elles abordent.
Début enchanteur arrivant en horde, à voir les ouïes qui de notes débordent.
L'hiver est déjà loin lui et sa déraison, les airs du printemps jouent au violon.

Stradivarius, tu ne crains plus rien, enfin renaissent les jolis matins.
Palissandre répète ta belle mélodie, tu verras arriver la symphonie.
Ingres peints-nous un tableau si joli, invites l'été à ta toile qui fleurit.
Belle saison arrive avec dans tes mains, la plus douce symphonie de satin. .

Fin du chapitre trois

110

Naissance précieuse

Les roses naissent le matin au lever du jour,
C'est ainsi depuis toujours le sais tu mon amour,
Fragiles bourgeons, timidement avec intention,
Percent par les nimbes des cieux avec précaution;

L'aube est un tissu de communion éternelle,
Que vêt la voûte chaque matin sous l'œil du soleil,
Les petits nuages ronds qui parsèment belle voûte,
Sont les œillets où les bourgeons trouvent route;

Si le ciel est rose le matin quand l'aurore a fui,
C'est que belle rose, de douce grâce y a fleuri,
Quand le soleil est au zénith, les pétales s'étalent,
Au dessus d'un val de charme qui de rosée se régale;

Les couleurs des nuages le matin sont si douces,
Quand la belle fleur de toute beauté y pousse,
Laisse moi ce matin être l'ange de ton joli cœur,
Pour visiter ce paradis et cueillir ce doux bonheur;

Rose blanche de l'aube est si belle mon amour,
Quand elle devient, orange, rouge, pourpre du jour,
Pour finir en mes rêves et te rendre la plus belle,
En t'offrant ce bouquet du jour de toute merveille.

Chapitre quatrième

Amant du poète...

Ès lettres

Plume, belle magicienne ès lettres,
Pourfends papier timoré et timide,
Simple sillon d'avenir hier si livide,
Écriture limpide, d'âme aux fenêtres,

Les jolies damoiselles de dame plume,
Se pâment d'aise, où lésine se damne,
Au bal grandiose où la rime s'enflamme,
Et d'or la musique, par le vers s'allume ;

Lumineuse dame, ô stances lustrales,
Les jolies rimes chaleureuses s'alignent,
Paumes des mains ès maistre s'y lignent,
À plume et odes diamant ancestrales ;

Dans la nuit, le poète est amant du mot,
Sa main courtise la plume, elle éphémère,
Telle, une rose qui sera son amour mère,
Pour sa muse au lever du soleil si chaud ;

Le temps, la fleur et le mâche laurier

Le temps.

Le temps essaime doucement nos vies,
Chaque seconde est un jour de hasard,
Où s'enfuit l'heure nous laissant hagards
Les minutes posent des bribes d'envies ;

Ce grand roman est fait de dédales,
Où les pages ne sont jamais pareilles,
Et chacun y cherche traces merveilles,
Telles surprennent feuilles automnales ;

Il suffit d'un rien pour changer ce cours,
Un regard où même une odeur de fleur,
Le temps prend pause une petite heure,
Hier miséreux et l'amour, enfin accourt ;

Je me souviens moi le gueux de l'heure,
Où mon calame écrivit ce nouveau jour,
Pour que je sache être roi de ce cours,
Et que je vous fasse la cour belle fleur ;

Mâche laurier au temps des ménestrels on désignait ainsi les poètes.

La fleur

Dans l'aube naissante d'un matin rose,
À l'heure où s'empourprent les cieux,
Que flatte un soleil d'été si valeureux,
Dans un pré d'aiguail, je vis d'or prose ;

Belle, égarée entre bleuet et ancolie,
En ce champ de pâquettes y a éclos,
Pré fut devenu ce jour un si joli clos,
Lui, hier ne me portant que mélancolie ;

J'eus jeté sur un bûcher mon habit,
Et me suis abeausi devant la gente,
D'atours d'or devant mon impatiente,
Je suis devenu ménestrel du paradis ;

Ma fleur eût arrêté le temps ce jour,
Je voulus pour elle, plus belles élégies,
Pitre, je ne suis plus dans mes poésies,
Grâce à elle mon amour pour toujours ;

Le mâche laurier

Pour elle, je deviens au présent poète,
Mais reste le sigisbée de ses stances,
Elle efface le temps et ses distances,
Où caracolent futur passé en tête-à-tête ;

Antique princesse de mes rimes d'or,
Pour vous, je devins mâche laurier,
Qu'il n'en déplaise au présent poétiser,
Même si je dois avoir château en décor ;

Pour vous, ma fleur, je serai ménestrel,
Trouvère ou roi, qu'importe d'ailleurs,
Du moment que je fasse votre bonheur,
Vous avez fait de moi, poète intemporel ;

Je vous devais bien un petit triptyque,
Pour rendre grâce aux arrêts du temps,
Que je dois à votre joli cœur servant,
Vous ma belle fleur dès plus énigmatiques ;

Espérance d'été

La belle robe de mariée de l'éden,
Poussée par Zéphyr dans la grâce,
Des ailes de Pégase tel doux loden,
Nous laisse admirer une belle trace;

Jolies trouées de ces cotons célestes,
Laissent passer les strass éparses en or,
D'un soleil rieur, humble et modeste,
De son palais, enjolive ce blanc décor ;

Ces petits trous en ces fines crinolines,
Sont les venelles de l'ange bienfaisant,
Qui dépose dans le cœur de nos divines,
Sourire qui rend leurs visages plaisant ;

Passant, admires les jolis nuages d'été,
Et ces quelques trouées d'espérance,
D'une déesse, elles sont ce beau reflet,
Peut-être même l'amour en délivrance ;

La rose ne ment pas

Hâblerie de rose eût été suffisance,
Si elle n'eût votre beauté, mon aimée,
Que se targue le lys dans sa pureté,
Il ne peut égaler votre bienfaisance,

Votre odeur est le soupçon divin,
De la fleur du cœur des reines,
Qui lève toutes mes viles peines,
Venez en mes bras,s ce doux écrin,

Vous dirais-je ma mie, je vous aime,
En des mots si purs, telle la rose,
Sans que lys ne raille cette prose,
Certes, mon trésor qui d'or essaime ;

Rose est la plus belle du jardin d'éden,
Que porte mon cœur pour vous amie,
Que je devienne lys du roi de la poésie,
Pour vous aimer et être votre mécène ;

Cueillez prestement cette fleur amour,
Posez-la à vos lèvres, respirez, ce parfum,
C'est le vôtre mon ange tel joli jasmin,
Votre bouche carmin est, ce toujours ;

Sur les rivages du cœur

Sylphide de mon cœur, tu berces ma vie,
Mon âme trépide de l'aube au coucher,
Mes mains sont aux songes du toucher,
Ta peau satin est fruit de mon idolâtrie ;

Je pose mes yeux sur les vagues rouges,
Le matin quand mon âme noire divague,
Je dessine sur le sable d'or une bague,
Que même un doigt d'embrun ne bouge ;

La mer est une distance si éphémère,
Que balaie le soleil au vent du désespoir,
Les rouleaux de mots s'évident le soir,
L'anneau de plage devient terre mère ;

Amour pose ta main sur l'onde sage,
Ce soir au coucher, je verrai ta main,
Sur le rivage d'embruns et de satin,
Cueillir le fruit d'une bague de plage ;

Laisse mes rêves à jamais être à toi,
Quand des yeux, je balaie cet océan,
La distance n'a plus en ce présent,
Ta présence est toujours en moi.

Tu es mon ciel rose...

Dieu souffle sur les roseraies du paradis,
Pétales virevoltent sur les jolis nimbes,
Ciel d'été où darde le soleil d'or qui luit,
Les belles bourgeonnent sur ses limbes ;

Les nuages blancs sont des roses d'été,
Qui nous viennent de l'autel de la voûte,
Elles dessinent cet amour coton dentelé,
Que les anges déposent sur notre route,

Dès que la lumière tombe à nos pieds,
Que roi d'été part en douceur reposer,
Douces fleurs de rouge sont colorées,
À l'heure où nuit et jour vont s'aimer ;

Le temps où sommeille le roi céleste,
Roses dorment et étoiles scintillent,
Rosée diamant reflète sur l'asbeste[12],
Avant que de mauve, elles s'habillent ;

Entre chien et loup au clair-obscur,
Elles se vêtent de robes magnifiques,
Rudesse de nuit fuit et or les rassure,
Roi paresse devant les reines magiques ;

Doucement, elles s'empourprent de rubis,
Pour finir rouge amour dans la lumière,
Elles admirent le roi d'été de ce joli paradis,
Mon amour, toi, tu es ma rose si fière ;

Souviens-toi, hier était un hiver froid,
Amour, tu es ma promesse de chaleur,
Je t'offre mon ciel rose comble d'émoi,
Qui sans toi n'aurait pas cette ferveur.

---

[12] Asbeste. Matière minérale réfléchissante.

Le front de ma déesse

N'ai-je posé sur un front aussi pur,
Une bise si envoûtante ô déesse,
À y voir tissu mouvant de liesse,
Tel, ce lin du paradis nullement impur ;

Votre œil où perle la larme divine,
Est un calice si proche de ce céleste,
Éden où je devine cet amour preste,
Plus qu'or ce front en est une mine ;

Eus-je connu ce plaisir couleur amour,
Tel l'ichor coulant en vos veines, déité,
Rouge lèvre que je vous dois, aimée,
Pour qu'il grave cet instant toujours ;

Puissiez-vous croire d'autres si belles,
Que je me forligne à être votre dieu,
Et même en quelques vers de ce feu,
Désir ardent, vous êtes ces merveilles ;

Front pur, ô ma déesse, je le baise,
Et mes lèvres deviennent en or,
Sur ces plaines de joyaux, en décor,
Vous êtes à jamais la rime, or d'aise ;

Cascade de je t'aime

Poème bouquet de prose
Essai.

Je ne saurai jamais comment te dire,
Je t'aime, je ne sais plus te l'écrire,
Que la rime t'aime, je vois cet amour,
Le vers écrit, or et t'aime toujours ;
Je t'aime, je t'aime, je t'aime, je t'aime ;

Mon trésor de poésie, nymphe sacrée,
S'y l'amour existe, tu es cette déité,
Seulement, je t'aime est déjà si dur,
À écrire, le vers or tellement pur ;
Mon amour, je t'aime tellement ;

Chérie dans tes yeux, je puise l'encre,
De mes je t'aime je veux te surprendre,
Simplement trésor, tu es un diadème,
En or qui couronne ô, toi mon poème ;
Chérie, je t'aime, tu es mon poème ;

Reste à jamais ma rime d'or à aimer,
Tu es la fleur née d'un vers à adorer,
Tu es la sève de ma vie mon élégie,
Toi mon amour ô ma poésie ô ma mie ;
Reste la fleur de ma poésie ;

Je t'aime, je t'aime, je t'aime,
Mon amour, je t'aime tellement
Chérie, je t'aime, tu es mon poème
Reste la fleur de ma poésie

Rose aime péan d'été

(Jardin d'acrostiche)
Nouveauté.

Rose étonnante d'innocence,
Ô comme j'aime ta présence,
Secrète fleur de mon poème,
Éphémère bonheur rose même,

Aime-moi tendre égérie poétique,
Idéalement écrit d'or et unique,
Mon encrier amusé s'en émeut,
Élégie de plume au papier pleut,

Péan naît au jardin d'acrostiche,
Été est sa saison, où rime niche,
Abandonné par l'hiver un vil matin,
Naguère au désespoir et au dédain ;

D'aventure est né ce jardin en hiver,
Égaie un peu mon cœur trop amer,
Toujours enclin à sublimer vers d'or,
Égérie dans ce poème rose y dort,

Rose ô secrète éphémère,
Aime idéalement mon élégie,
Péan été abandonné naguère,
D'aventure égaie toujours égérie.

Secret d'acrostiche

(quadruple acrostiche)

Secret du *b*attement de mon cueur,
Ode de mon *a*mour, odeur de vertige,
Unique, es-*t*u si belle ô rime fleur,
Vers d'or, tu *t*rames où amour t'érige,
Enéide, lai, *é*légie exceptionnelle,
Reste rose, *m*irifique reine rubis,
Antique et *é*ternelle merveille,
Idée, ô joli *n*arcisse de poète ravi,
Nymphe est *t*oujours étonnée du vers,
Émaux, or et *s*oie des poèmes pères ;

Déesses et *d*ivines toutes reines,
Elles sont *é*vanescentes, or rênes ;

Magiciens *m*erveilleux de la nuit,
Écrits des *œ*uvres vers de poésie,
Sublime, or *n*ote du péan de la vie ;

Rimes en *œ* cœur de dame sont jolies,
Irréelles *o*bligeances ès lettres,
Maistre, là *e*ncore, tu es ma rêverie,
Envoûtant, *u*ne âme dans le mal-être,
Superbe ce *r*egard où tu vis poésie...

Les cheveux du soleil.

Les cheveux du soleil tombent sur la mer,
Les joues des flots s'empourprent de plaisir,
J'aime voir rougir l'iris d'une chimère de désir,
Qu'est cet océan de quiétude ô terre mère ;

La nuit en douceur après avoir dérobé le jour,
S'installe sur ce visage ondulant rose de lèvre,
Il se grise à ne même plus y voir une balèvre,
L'impression effraie, nuit allongée pour toujours ;

Dans le silence seule réside le bruit d'un froissement,
Les cheveux pêle-mêle qui ondulent sur ce ressac,
Mais se réunissent et forment bientôt un bac,
Joli voilier de trace de jour devient si apaisant ;

J'aime voir les étoiles venues du paradis tomber,
Sur ces cheveux de roi pour les blondir à nos yeux,
À cet instant entre chien et loup naît le merveilleux,
Une mer de diamant, finit à la plage pour s'aliter ;

Rose rousse lune

Que je dormisse en vos bras ma reine en ces murs,
Pour qu'ils fussent devenus magnifiques demeure,
Mes ouïes festinassent aux sons de ces murmures,
Onques aèdes n'eussent su adoucir d'or l'heure ;

Sont-ce les battements de votre cueur douce amie,
Qui battent tambour tel campanile en ce lieu saint,
Cette mélodie sied à mon âme, ô douce compagnie,
Que je devienne à vous ès poète d'un avenir certain ;

Moi le pitre que je sache m'abeausir de fins atours,
Afin de vous duire, et votre cueur me sourirait,
Que je fusse damné à y voir tristesse un jour,
S'il le fût pour vous mon amour rime y viendrait ;

Cette nuit vos bras sont mon repos ma douce,
Et sous la lune alanguie j'écris pour votre cueur,
Éclos aux bouts de mes doigts, une rose rousse,
Imaginaire beauté mais bien réel est mon bonheur ...

Sage été dérobé

L'hiver vole les étoiles affaiblies d'été,
Automne regarde passer ce bal animé,
L'hiver colore de diamant ce fin bijou,
Qu'est l'automne au creux de son cou,
Feuilles cendrées, or est un fin ballet,
Qui console la saison sage ;

Automne dérobe le vent d'été coloré,
Hiver avec balaiera le reste de l'idée,
Qu'il porte en son ciel couleur acajou,
Qui console la saison sage ;

Hiver attend vent chaud d'été dérobé,
Qu'automne de ces feuilles a consolé,
Aux nuits passantes au chant du hibou,
Où étoiles d'été eurent écouté ce froufrou,
De l'hiver au faiseur d'étoiles enneigés,
Qui console la saison sage.

L'été a oublié dans mon jardin...

L'été a oublié dans mon jardin un petit bonheur,
Bonheur éphémère d'une nuit ô la belle rose,
Rose où le temps automnal est devenu prose,
Prose d'amour rouge feuille d'automne acteur,

Acteur majeur de l'été fut ma douce compagnie,
Compagnie de ce ciel de saison sans soleil,
Soleil des âges de vers qui sont sans pareil,
Pareil que mon cœur voyant la belle-de-nuit ;

Nuit grise, ou l'âme de la tendre a éclos au jardin,
Jardin de mes amours déçus est devenu compagnie,
Compagnie de mes nuits où j'écris à ma douce amie,
Amie et rose sont jumelles et muses, or carmin,

Carmin aoûté d'un automne effacé par un été fini,
Fini ainsi une saison presque née où ma fleur a éclos,
Éclos à mes yeux qui l'ont temps arrosée en ce clos,
Clos de reine à présent qui est devenu un paradis.

Nuit bohème...

Quelques notes de musique tombent de la voûte,
Virevoltent sous la lune blonde où les anges,
Soufflent des vœux de sagesse étranges,
Où chaque étoile trouve dans la nuit sa route ;

Dans ce bal d'amoureux des déesses endormies,
Ma plume regarde les mots finir à mon encrier,
En silence, elle vagabonde et finit par y plonger,
Ô qu'elle est belle sous ce ciel de rimes si jolies ;

Ainsi poussent au papier les fleurs de l'onirisme,
De sempiternels vers pour l'amour de ma vie,
Qui revient telles des vagues en mon lit la nuit,
Pour écrire mon étoile dans une ode de néologisme ;

Chérie toutes tes nuits font un autre poème,
Même en des mots ineffables où n'existe peine,
Où tu es à chaque vers la plus belle, ma reine,
Laisse-moi être le roi de cette nuit de bohème...

Je serai capitaine

Ma plume triste et solitaire désespère,
Et mon cœur sombre monotone espère,
La rime paresse et les vers délaissent,
Ce miroir blanc au reflet qui me blesse ;

Sans rayons, or qui dardent aux cieux,
Pourrais-je y voir trace du merveilleux,
Si mon cœur n'a plus ton sang, ma mie,
Comment peuvent être ode rime amies ;

Soleil revient dans mes mains demain,
Pour toi, elles seront un écrin de satin,
Amour, tu es cet astre égaré sur la mer,
Qui se jette au rivage de mon âme amère ;

Si demain sur les flots, je vois en décor,
Quelques diamants brillants et un soleil, or,
Je serai capitaine du bateau de l'amour,
Qui suit les sirènes, et te ferai la cour

Une rose pour ton cœur

Une vie entière passe si vite ma douce,
Nous avançons et la vie nous pousse,
Encore un matin en rosée de mousse ;

Rose console ses heures, je te mande,
Ose lui dire pourquoi tu es si rouge,
Simplement par tes pétales en amande,
Étiole-toi au son de ce cœur qui bouge ;

Parles-lui de mes douces supplications,
Oublie ta timidité, elle n'en a que nenni,
Unis mes mots à son âme en passion,
Rose, je veux la voir encore plus jolie ;

Ta robe rouge est celle de mon émoi,
Onc amour ne peut donner telle joie,
Navigue sur l'onde de ce plaisir roi ;

Certainement qu'elle a déjà eu une rose,
Ô certes, mais toi, tu viens du paradis
En quelque sorte, tu seras sa prose,
Une belle journée de bonheur réussi ;
Rose, j'aime quant à ses lèvres, tu poses.

Lever de soleil

Un diadème rouge se pose sur lit de mousseline,
Que le vent plisse et ondule sous la lune opaline,
Sur cet océan de douceur naît la beauté du matin,
Tombe en cascade le soleil d'un nuage carmin ;

Sur la plage d'or où tu dors mon trésor, je déambule,
Je me laisse porter par le souffle d'ailes de libellule,
Que sont les vagues coton nées dans le noir,
Ô mon bel éphémère de mer, tu as créé l'espoir ;

Quand la mer déchaînée a fini de malmener le bateau,
Qui porte ton nom ma sirène, ô le jour est si beau,
La plage d'or des pluies d'étoiles de la douce nuit,
N'est qu'un trésor de reine qui enfin me séduit;

Oubliée quelque part sur l'île de Dante ta peine,
Réside et ne subsiste ici que ta beauté de reine,
Tu es mon plus beau lever de soleil pour toujours,
Celui qui dessinera à l'infini sur la mer ton amour ;

Dorment les joncs

Doux rossignols portez la traîne nuptiale,
Dans ces ablais[13] esnuer, en doux aiguail[14],
Moire[15] tissu de mousseline blanche de lin,
Senteur cauteleuse[16] ouatinée d'un matin ;

Dieu céleste abeausit[17] les joncs d'or d'été,
Ès maître prés faraud[18], gît au sol marbré,
Messidor[19] flamboie, pâquette[20] s'y dorera,
Darde[21] soleil, la légère rosée s'évaporera ;

Saison adulée, au vent où vole l'oiseau,
Insouciant, par-delà le lac d'or roseau,
Que sont ces chaumes aux glaneuses,
Souriantes, pourtant si malheureuses ;

Mirliflore[22] aquarelle, naît sous les doigts,
Peinture ès maîtres, aux couleurs émoi,
Joncs, ô temps d'été, jolie toile éternelle,
Travail de la terre, aube or, intemporelle.

---

[13] Ablais. Moisson à terre.
[14] Aiguail. Rosée.
[15] Moire. Chatoyant.
[16] Cauteleuse. Précaution.
[17] Abeausir. V 2éme gr. Rendre beau.
[18] Faraud. Vêtu de beaux atours.
[19] Messidor. Mois des moissons.
[20] Pâquette. Fleurs des champs.
[21] Darder. Lancer, jeter, arroser.
[22] Mirliflore. Mirifique jolie.

L'arme de la solitude

L'arme de la solitude lacère mon visage,
Larmes de peines s'y meurent de rage,
Rides de désespoir sont torrent bruyant,
Où mes maux se noient dans ce présent ;

Hier fières et lisses joues, roses poupin,
De ma face blême, étaient sans déclin,
La vie passe, et soleil s'éteint ces soirs,
De crues, ô pleurs amers trop illusoires ;

La vie, lentement, sépare les mots bleus,
Ne reste au fond du cœur que des bleus,
Ciel gris es providence pour l'humain,
Que les anges ne voient tout ce dédain ;

Ange laisse moi pleurer encore un peu,
Même si je me noie sous ce soleil de feu,
Ce sont mes yeux rougis et délavés,
Où ne brille rubis de ne savoir aimer.

Silence Sahara.

Dans le silence de ton âme,
Quand tu dors ô belle dame,
Je laisse filer mes pensées roses,
Que l'odeur flatte d'un cœur prose ;

Tels, les grains d'or des dunes,
Qui mirent le soir sous mille lunes,
Sors l'ombre évanescente d'un trésor ;
Que seules déesses portent tel l'ichor ;

Le silence balaie les ombres Sahara,
De beauté que portent collines fuchsia,
Rose des sables ma reine, tu es antique,
Balris ô silence d'esprit désertique ;

Demain quand le grand tambour céleste,
Balaiera ton ombre silence, dunes en tête,
Seront mille poèmes de la rose sable,
Où tu es née cette nuit d'un air de fable

La beauté d'un matin

L'aube chiffonne l'onirisme de Phoebé,
Cette conteuse de songes magnifiques,
Émerge du lit de cristal, ô bon roi ré,
S'enfonce dans la mer rêve tellurique ;

Vagues somptueuses sur ce lin posées,
Sont les dunes mirifiques de ta beauté,
Où les étoiles en cascade sont uniques,
Odeurs de ton âme de déesse antique ;

Plage de tes yeux de sable fin et doré,
Sens l'or du roi levant, ô mer féerique,
Mes doigts y cherchent bijou tant aimé,
Du diadème qui parera front onirique,

Ô tendre, j'aime être capitaine de voilier,
Accostant l'île de rêve moi le flibustier,
Que j'y découvre le trésor pharaonique,
Qui fera de toi la reine d'un rêve unique.

Il n'y a de mots...

Dédicace Nyhade

Les pages de ma vie étaient à écrire,
Envolé depuis longtemps mon passé,
Errait sur ces feuilles sans aucun avenir,
Même pas l'ombre du soleil à y verser ;

Les larmes roulent au rivage toujours,
La plage les rejette, mais peur y réside,
Quand s'efface l'ombre de nos amours,
Que l'on croyait nullement perfides,

Sur la grève de tes yeux, j'y ai vu aussi,
Ce pleur mourir s'éteignant sur ta joue,
À la dérobée, j'y ai jeté des lettres jolies,
Qui ont fini au creux de ton tendre cou ;

Il n'y a de mots à présent à pleurer,
Depuis que tu es page de ma vie ici,
Il n'y a de lettres que celles de rubis,
Tu es le livre d'or de ma vie mon aimée...

Amour calligramme.

Animé de l'envie, pouvoir dessiner,
Mon amour tel un épique poète,
Ouvrage double pour te décrier,
Un sentiment encré en ma tête,
Regarder au matin tes yeux briller,

Calligramme d'amour, je ne peux,
Alors je dessine des mots doux,
Lys royal brillant dans tes yeux,
L'amour d'un fusain tel un bijou,
Irréelle féerie, lettres en feux,
Guillaume n'en serait pas jaloux,
Rien n'est aussi beau en ce jeu,
Apollinaire, met vers et rime époux,
Magnifique dessin aussi amoureux,
Merci mon ange, voit ce ciel roux,
Écrit et dessin, pour des amoureux ;

Larme lustrale

Tes lèvres sont un calice, soie rose plissée,
Où de délice, j'aimerais y voir l'eau lustrale,
Lice que tes yeux échappent mon aimée,
Quand ils sont étoiles virginales d'un ciel astral ;

Ô laisse moi y boire, nectar doux sucré d'iris,
Que je goûte ce secret éphémère et ancestral,
Qu'est l'amour, ô sais-tu, muse où est le paradis,
Sur ton front pâle, que je verse larme opale ;

L'union des larmes, muse et poète par tes cils,
Fines cordes de lyre, feront l'ode rose éternelle,
En roulant à ta joue, pour finir, elles si fébriles,
À ma bouche errante cherchant péché originel ;

Telle Desdemona, laisse le temps balayer l'ennui,
Des jours passés, que nos bouches sachent,
Parler de cette eau lustrale qui nous a unis,
Un matin sans savoir écouter ceux qui fâchent ;

Tu resteras à jamais l'étoile astrale de mon ciel,
Nimbé de nuages de jade où vivent les anges,
Qui joueront sur la lyre de ton front, ô merveille,
Pour que sur tes lèvres le mot du péché s'y lange.

Le soleil se cache pour mourir

Le soleil se cache derrière les nuages pour mourir,
Le soir au dessus de la mer, où vague le souvenir,
Onde d'huile si belle n'est plus que reflet de pleur,
Aux vagues rouges tels les yeux de ce roi rieur ;

L'amour se cache et s'éteint sous un sourire,
Masque illusoire sur la bouche qui le voit périr,
Mais qui sait, la beauté des lèvres est un miroir,
Effaçant larmes du cœur où meurt soleil le soir ;

Les oiseaux se cachent pour mourir en hiver,
Quand les amours d'été sont morts et en bière,
Sur une mer pourpre où sont nées nos joies,
Les vagues brisées sur les rochers s'échouent,

J'aime le coucher du soleil de l'océan éternel,
De nos amours qui ne connaîtront cet irréel,
Si un jour mes yeux étaient reflet si miteux,
Qu'est mer morte, amour, je serais malheureux ;

Stradivarius, tu es né en été

Final

Été, écoutes dans les arbres les oiseaux, ils festoient dans l'allégresse du beau.
Vigoureux palissandres éveillent tes joies, tu seras dans cette saison un noble roi.
Ingres, tu peignais hier un fade désarroi, fais nous rêver cet été de tes doigts.
Violons tristes, vous étiez des ormeaux, Stradivarius et palissandre
sont jumeaux.

Les branches se couvrent de feuilles, le vent en douce symphonie les endeuille.
Subtilement fuient les notes de l'hiver, poussent en désir celles chues à terre .
Les belles au soleil sont de verre, et germent sur cet un écrin de vair.
Plus que cela même elles sont en orgueil, elles seront au papier un joli recueil.

Vivaldi avec ces notes fera une merveille, en un somptueux concerto au soleil.
Été grandiose aux couleurs d'amour, tu seras au tableau d'Ingres le jour.
Palissandres te feront alors la cour, en gratitude d'être paré de tes atours.
La beauté se verra par-delà le ciel, dans les nuages en notes d'or pareilles.

Luthier enchantes-nous de tes mains, fais de ces arbres des magiciens.
Les quatre-saisons lui ont donné une âme, offre à Vivaldi la teneur
de ses gammes.
Stradivarius gardera la douce trame, celle des saisons qui feront la flamme.
Chaque note effacera un dédain, sous ce soleil d'été naissant au matin.

Été, tu es aujourd'hui flamboyant de vie, demain, tu partiras sous un ciel gris.
Il importe que la saison passe au poète, pour lui et les palissandres, c'est fête.
Ses écrits ne seront jamais obsolètes, il a vu la saison des notes secrètes.
Automne, tu arrives avec ta symphonie, aux mains de l'artiste fort surpris.

Automne étonne l'âme de Vivaldi, joues la plus belle symphonie.
Vois les feuilles revenues à tes branches, ce sont les merveilleuses notes blanches.
Les noires avec elles coulent en avalanche, l'automne avait ces notes sous
sa manche.
Tout redevient beau au son de la vie, les violons étonnent l'automne ainsi.

Liste des auteurs, artistes, ayant participé imaginairement à la réalisation de cet ouvrage

Fiches des auteurs ayant prêté concours à la réalisation de certains poèmes de ce recueil, soit par l'écriture sous ma plume ou par leurs poèmes pour des duos imaginaires.

AVEC TOUTE MA GRATITUDE À LEURS ÉGARDS.

George Sand.
Alfred de Musset.
Guillaume Apollinaire.
Frédéric Chopin.
Victor Hugo.
Vincent Van Gogh.
Pablo Picasso.
Ingres.
Vivaldi.
Édith Piaf.
Marcel Cerdan.
(pour le spleen Laissez le moi de Édith Piaf)

George Sand

George Sand est le pseudonyme d'Amantine Aurore Lucile Dupin, baronne Dudevant, romancière, auteur dramatique, critique littéraire française, journaliste, née à Paris le 1er juillet 1804 et morte au château de Nohant-Vicle 8 juin 1876. Elle compte parmi les écrivains prolifiques avec plus de soixante-dix romans à son actif, cinquante volumes d'œuvres diverses dont des nouvelles, des contes, des pièces de théâtre et des textes politiques. À l'image de son arrière-grand-mère par alliance qu'elle admire, Madame Dupin (Louise de Fontaine 1706-1799), George Sand prend la défense des femmes, prône la passion, fustige le mariage et lutte contre les préjugés d'une société conservatrice. George Sand a fait scandale par sa vie amoureuse agitée, par sa tenue vestimentaire masculine, dont elle a lancé la mode, par son pseudonyme masculin, qu'elle adopte dès1829, et dont elle lance aussi la mode : après elle, Marie d'Agoult signe ses écrits Daniel Stern (1841-1845),Delphine de Girardin prend le pseudonyme de Charles de Launay en 1843. Malgré de nombreux détracteurs comme Charles Baudelaire ou Jules Barbey d'Aurevilly, George Sand contribue activement à la vie intellectuelle de son époque, accueillant au domaine de Nohant ou à Palaiseau des personnalités aussi différentes que Franz Liszt, Frédéric Chopin, Marie d'Agoult, Honoré de Balzac, Gustave Flaubert, Eugène Delacroix, conseillant les uns, encourageant les autres. Elle a entretenu une grande amitié avec Victor Hugo par correspondance, ces deux grandes personnalités ne se sont jamais rencontrées. Elle s'est aussi illustrée par un engagement politique actif à partir de 1848, inspirant Alexandre Ledru-Rollin, participant au lancement de trois journaux : La Cause du peuple, Le Bulletin de la République, l'Éclaireur, plaidant auprès de Napoléon III la cause de condamnés, notamment celle de Victor Hugo dont elle admirait l'œuvre et dont elle a tenté d'obtenir la grâce après avoir éclipsé Notre Dame de Paris avec Indiana, son premier roman. Son œuvre est très abondante et la campagne du Berry lui sert souvent de cadre. Ses premiers romans, comme Indiana (1832), bousculent les conventions sociales et magnifient la révolte des femmes en exposant les sentiments de ses contemporaines, chose exceptionnelle à l'époque et qui divisa aussi bien l'opinion publique que l'élite littéraire. Puis George Sand ouvre ses romans à la question sociale en défendant les ouvriers et les pauvres (Le Compagnon du Tour de France) et en imaginant une société sans classe et sans conflit (Mauprat, 1837 - Le Meunier d'Angibault, 1845). Elle se tourne ensuite vers le milieu paysan et écrit des romans champêtres idéalisés comme La Mare au diable (1846), François le Champi (1848), La Petite Fadette(1849), Les Maîtres sonneurs (1853). George Sand a abordé d'autres genres comme l'autobiographie (Histoire de ma vie, 1855) et le roman historique avec Consuelo (1843) où elle brosse, à travers la figure d'une cantatrice italienne, le paysage artistique européen du xviiie siècle, ou encore Les Beaux Messieurs de Bois-Doré (1858) qui multiplie les péripéties amoureuses et aventureuses dans le contexte des oppositions religieuses sous le règne de Louis XIII.

Alfred de Musset

Alfred de Musset est un poète et un dramaturge français de la période romantique, né le 11 décembre 1810 à Paris, ville où il est décédé le 2 mai 1857. Lycéen brillant, le futur poète reçoit un grand nombre de récompenses dont le prix d'honneur au Collège Henri IV en 1827 et le deuxième prix d'honneur au concours général la même année. Il s'intéresse entre autres au Droit et à la Médecine. Alfred de Musset abandonne vite ses études supérieures pour se consacrer à la littérature à partir de 1828-1829. Dès l'âge de 17 ans, il fréquente les poètes du Cénacle de Charles Nodier et publie en 1829, à 19 ans, Contes d'Espagne et d'Italie, son premier recueil poétique qui révèle son talent brillant. Il commence alors à mener une vie de « dandy débauché ». En décembre 1830, sa première comédie La Nuit Vénitienne est un échec accablant qui le fait renoncer à la scène pour longtemps. Il choisit dès lors de publier des pièces dans La Revue des Deux Mondes, avant de les regrouper en volume sous le titre explicite Un Spectacle dans un fauteuil. Il publie ainsi À quoi rêvent les jeunes filles ? en 1832, puis Les Caprices de Marianne en 1833. Il écrit ensuite en 1833 son chef-d'œuvre, le drame romantique, Lorenzaccio, publié en 1834 (la pièce ne sera représentée qu'en 1896) après sa liaison houleuse avec George Sand et donne la même année Fantasio et On ne badine pas avec l'amour. Il publie parallèlement des poèmes tourmentés comme la Nuit de mai et la Nuit de décembre en 1835, puis La Nuit d'août (1836) La Nuit d'octobre (1837), et un roman autobiographique La Confession d'un enfant du siècle en 1836. Dépressif et alcoolique, au-delà de 30 ans, il écrit de moins en moins : on peut cependant relever les poèmes Tristesse,Une soirée perdue (1840), Souvenir en 1845 et diverses nouvelles (Histoire d'un merle blanc, 1842). Il reçoit la Légion d'honneur en 1845 et est élu à l'Académie française en 1852. Il écrit des pièces de commande pour Napoléon III. Sa santé se dégrade gravement avec son alcoolisme et Alfred de Musset meurt à 46 ans, le 2 mai 1857 : il est enterré dans la discrétion au Cimetière du Père-Lachaise, après des obsèques en l'église Saint-Roch. Ludovic Vitet, au nom de l'Académie française

149

prononce l'éloge funèbre. Redécouvert au xxe siècle, Alfred de Musset est désormais considéré comme un des grands écrivains romantiques français, dont le théâtre et la poésie lyrique montrent une sensibilité extrême, une interrogation sur la pureté et la débauche, une exaltation de l'amour et une expression sincère de la douleur. Sincérité qui renvoie à sa vie tumultueuse qu'illustre emblématiquement sa relation avec George Sand.

Guillaume Apollinaire

Guillaume Apollinaire (né Wilhelm Albert Włodzimierz Aleksander Apolinary Kostrowicki, herb. Wąż. Apollinaire est en réalité — jusqu'à sa naturalisation en 1916 — le 5e prénom de Guillaume Albert Vladimir Alexandre Apollinaire de Kostrowitzky) est un poète et écrivainfrançais, né sujet polonais de l'Empire russe. D'après sa fiche militaire, il est né le 25 août 1880 à Rome et mort pour la France le 9 novembre 1918 à Paris. Il est considéré comme l'un des poètes français les plus importants du début du xxe siècle, auteur de poèmes tels que Zone, La Chanson du mal-aimé, Mai ou encore, ayant fait l'objet de plusieurs adaptations en chanson au cours du siècle, Le Pont Mirabeau. Son œuvre érotique (dont principalement un roman et de nombreux poèmes) est également passée à la postérité. Il expérimenta un temps la pratique du calligramme (terme de son invention, quoiqu'il ne soit pas l'inventeur du genre lui-même, désignant des poèmes écrits en forme de dessins et non de forme classique en vers et strophes). Il fut le chantre de nombreuses avant-gardes artistiques de son temps, notamment du cubisme à la gestation duquel il participa, et poète et théoricien de l'Esprit nouveau, et sans doute un précurseur majeur du surréalisme dont il a forgé le nom.

Frédéric Chopin

Frédéric François Chopin (en polonais : Fryderyk Franciszek Chopin ou Szopen) est un compositeur et pianiste virtuose, né le 1er mars 1810, à Żelazowa Wola (Pologne), et mort à Paris (France) le17 octobre 1849. Après sa formation au Conservatoire de Varsovie et un début de carrière en Pologne et à Vienne, il choisit d'émigrer en France où il trouve son inspiration dans l'effervescence du monde pianistique parisien et dans le souvenir de sa patrie meurtrie. Il y rencontre George Sand, qui sera sa compagne pendant neuf ans. Reconnu comme l'un des plus grands compositeurs de musique de la période romantique, Frédéric Chopin est aussi l'un des plus célèbres pianistes du xix ème siècle. Sa musique est encore aujourd'hui l'une des plus jouées et demeure un passage indispensable à la compréhension du répertoire pianistique universel. Avec Franz Liszt, il est le père de la technique moderne de son instrument et son influence est à l'origine de toute une lignée de compositeurs tels Gabriel Fauré, Maurice Ravel, Claude Debussy, Serguei Rachmaninov, Alexandre Scriabine.

Victor Hugo

Victor Hugo, né le 26 février 1802 à Besançon et mort le 22 mai 1885 à Paris, est un poète, dramaturge et prosateur romantique considéré comme l'un des plus importants écrivains de langue française. Il est aussi une personnalité politique et un intellectuel engagé qui a compté dans l'Histoire du xix siècle.Victor Hugo occupe une place marquante dans l'histoire des lettres françaises au xixe siècle, dans des genres et des domaines d'une remarquable variété. Il est poète lyrique avec des recueils comme Odes et Ballades (1826),Les Feuilles d'automne (1831) ou Les Contemplations(1856), mais il est aussi poète engagé contre Napoléon III dans Les Châtiments (1853) ou encore poète épique avec La Légende des siècles (1859 et 1877). Il est également un romancier du peuple qui rencontre un grand succès populaire avec par exemple Notre-Dame de Paris (1831), et plus encore avec Les Misérables (1862). Au théâtre, il expose sa théorie du drame romantique dans sa préface de Cromwell en 1827 et l'illustre principalement avec Hernani en 1830 et Ruy Blas en 1838. Son œuvre multiple comprend aussi des discours politiques à la Chambre des pairs, à l'Assemblée constituante et à l'Assemblée législative, notamment sur la peine de mort, l'école ou l'Europe, des récits de voyages (Le Rhin, 1842, ou Choses vues, posthumes, 1887 et 1890), et une correspondance abondante.Victor Hugo a fortement contribué au renouvellement de la poésie et du théâtre ; il a été admiré par ses contemporains et l'est encore, mais il a aussi été contesté par certains auteurs modernes. Il a aussi permis à de nombreuses générations de développer une réflexion sur l'engagement de l'écrivain dans la vie politique et sociale grâce à ses multiples prises de position, qui le condamneront à l'exil pendant les vingt ans du Second Empire. Ses choix, à la fois moraux et politiques, durant la deuxième partie de sa vie, et son œuvre hors du commun ont fait de lui un personnage emblématique, que la Troisième République a honoré à sa mort le 22 mai 1885 par des funérailles nationales, qui ont accompagné le transfert de sa dépouille au Panthéon de Paris, le 31 mai 1885.

Vincent Van Gogh

Vincent Willem van Gogh (né le 30 mars 1853 à Groot-Zundert aux Pays-Bas - mort le 29 juillet 1890 à Auvers-sur-Oise en France) est un peintre et dessinateur néerlandais. Son œuvre pleine de naturalisme, inspirée par l'impressionnisme et le pointillisme, annonce le fauvisme et l'expressionnisme. Au début du xxi siècle, c'est l'un des peintres les plus connus au monde.Van Gogh grandit au sein d'une famille de l'ancienne bourgeoisie. Il tente d'abord de faire carrière comme marchand d'art chez Goupil & Cie. Cependant, refusant de voir l'art comme une marchandise, il est licencié. Il aspire alors à devenir pasteur, mais il échoue aux examens de théologie.

À l'approche de 1880, il se tourne vers la peinture. Pendant ces années, il quitte les Pays-Bas pour la Belgique, puis s'établit en France. Autodidacte, Van Gogh prend néanmoins des cours de peinture. Passionné, il ne cesse d'enrichir sa culture picturale : il analyse le travail des peintres de l'époque, il visite les musées et les galeries d'art, il échange des idées avec ses amis peintres, il étudie les estampes japonaises, les gravures anglaises, etc. Sa peinture reflète ses recherches et l'étendue de ses connaissances artistiques. Toutefois, sa vie est parsemée de crises qui révèlent son instabilité men-tale. L'une d'elle provoque son suicide, à l'âge de 37 ans.

L'abondante correspondance de Van Gogh permet de mieux comprendre cet artiste. Elle est constituée de plus de huit cents lettres écrites à sa famille et à ses amis, dont six cent cinquante-deux envoyées à son frère « Theo », avec qui il entretient une relation soutenue aussi bien sur le plan personnel que professionnel.

L'œuvre de Van Gogh est composée de plus de deux mille toiles et dessins datant principalement des années 1880. Elle fait écho au milieu artistique européen de la fin du xixe siècle. Il est influencé par ses amis peintres, notamment Anthon van Rappard, Émile Bernard et Paul Gauguin. Il échange aussi des points de vue avec son frère Theo, un marchand d'art connu. Il admire Jean-François Millet, Rembrandt, Frans Hals, Anton Mauve et Eugène Delacroix, tout en s'inspirant de Hiroshige, Claude Monet, Adolphe Joseph Thomas Monticelli, Paul Cézanne, Edgar Degas et Paul Signac. Peu connu dans les années 1890, Van Gogh n'a été remarqué que par un petit nombre d'auteurs et de peintres en France, aux Pays-Bas, en Belgique et au Danemark. Cependant, dans les années 1930, ses œuvres attirent cent vingt mille personnes à une exposition du Museum of Modern Art à New York.

Pablo Picasso

Pablo Picasso. Fondateur du cubisme avec Georges Braque Père de la styliste Paloma Picassomodifier Pablo Ruiz Picasso, né à Malaga, Espagne, le25 octobre 1881 et mort le 8 avril 1973 (à 91 ans) à Mougins, France, est un peintre, dessinateur et sculpteur espagnol ayant passé l'essentiel de sa vie en France. Artiste utilisant tous les supports pour son travail, il est considéré comme le fondateur du cubisme avec Georges Braque et un compagnon d'art du surréalisme. Il est l'un des plus importants artistes du xxe siècle, tant par ses apports techniques et formels que par ses prises de positions politiques. Il a produit près de 50 000 œuvres dont 1 885 tableaux, 1 228 sculptures, 2 880 céramiques,7 089 dessins, 342 tapisseries, 150 carnets de croquis et 30 000 estampes (gravures, lithographies, etc.).

Ingres

Jean-Auguste-Dominique Ingres, né le 29 août 1780 à Montauban et mort le 14 janvier 1867 à Paris, est un peintre français néo-classique du xixe siècle. Son père, Jean-Marie-Joseph Ingres, peintre et sculpteur, a favorisé ses penchants artistiques. Il est formé à l'Académie de Toulouse, où il entre à l'âge de 11 ans, par Jean Suau, puis se rend à Paris, en 1796, pour étudier sous la direction de David. Il s'éloigne de son classicisme par son dévouement à un idéal de beauté fondé sur de difficiles harmonies de lignes et de couleurs. Il peint le portrait d'amis ainsi que de Pierre-François Bernier, qu'il connaît de Montauban. Il remporte le Prix de Rome en 1801 au cours de sa deuxième tentative, avec Les Ambassadeurs d'Agamemnon. En juin 1806, il se fiance avec Marie-Anne-Julie Forestier. En 1806, Ingres découvre à Rome Raphaël et le Quattrocento, qui marquent définitivement son style. Ces années de travail sont les plus fécondes avec les nus, parmi lesquels La Baigneuse, les paysages, les dessins, les portraits et les compositions historiques. Il est en pleine possession de son art et son séjour à Rome est aussi l'occasion de tisser des liens amicaux avec les grands commis de l'administration impériale : le comte de Tournon et sa mère, Edmé Bochet et sa sœur Cécile Bochet madame Henry Panckoucke, Hippolyte-François Devillers, le baron de Montbreton de Norvins,.... En France, cependant, ses toiles peintes en Italie ne plaisent pas. L'artiste décide alors de rester à Rome. Il se marie en 1813 avec Madeleine Chapelle (1782-1849), une jeune modiste habitant Guéret. Ingres réalisa 10 portraits de sa femme. Mais le plus célèbre tableau sur lequel elle apparaît est Le Bain turc. Madeleine est l'odalisque aux bras levés qui s'étire au premier plan. Le tableau a été réalisé en 1862 après le décès de Madeleine. À la chute de Napoléon Ier, des difficultés économiques et familiales l'entraînent dans une période assez misérable pendant laquelle il peint, avec acharnement, tout ce qu'on lui commande. Il sollicite ses amitiés romaines et ses bonnes relations avec les Panckoucke et les Bochet lui font rencontrer Charles Marcotte d'Argenteuil, ami d'Edouard Gatteaux, ami proche d'Ingres. Très vite, Charles Marcotte d'Argenteuil devient un proche du peintre, jusqu'à

157

devenir un de ses principaux mécènes jusqu'à son décès en 1864. Après la mort de Madeleine, ce dernier ira même jusqu'à lui présenter sa nièce, Delphine Ramel, qu'Ingres épousera le 15 avril 1852. De ce mariage, viendra la décision d'acheter la maison de Meung-sur-Loire avec son nouveau beau-frère Jean-François Guille, notaire et conseiller général du Loiret, où il se retirera tous les étés pour bénéficier de la douceur et de la lumière de la Loire. Nombre de membres de la famille Marcotte seront de fidèles acheteurs comme Philippe Marcotte de Quivières et ses frères Marcotte de Sainte-Marie et Marcotte de Genlis, le baron Charles Athanase Walckenaer, Alexandre Legentilet le baron Hubert Rohault de Fleury, tous deux initiateurs du projet de la Basilique du Sacré-Cœur de Montmartre,Cécile Bochet devenue madame Henry Panckoucke et baronne Morande-Forgeot, et le clan Ramel.Il trouve finalement le succès en France avec la présentation, lors du salon de 1824, du Vœu de Louis XIII, destiné à la cathédrale de Montauban. Il devient directeur de l'Académie de France à Rome de 1835 à 1840. Appelé, le25 mai 1862, à faire partie du Sénat impérial, il y vota jusqu'à sa mort conformément aux vœux du pouvoir. Il avait été fait grand officier de la Légion d'honneur(14 novembre 1855).Ingres attache au dessin une grande importance et déclarait à ce sujet : « Une chose bien dessinée est toujours assez bien peinte ». La galerie de portraits réalistes qu'il laisse, constitue un miroir de la société bourgeoise de son temps, de l'esprit et des mœurs d'une classe à laquelle il appartient et dont il trace les vertus et les limites. Ingres s'intéresse beaucoup à la texture des vêtements et des étoffes (velours, soie, satin, cachemire...) qu'il intègre dans ses œuvres de façon à ce que la classe sociale du personnage représenté soit mise en valeur. Il s'inspire, à ses débuts, des techniques droites et raides de l'art grec, avant de se convertir à une approche des courbes et des drapés réalistes. Ingres aimait tellement les courbes qu'il rajouta quelques vertèbres à sa Grande Odalisque. Dominique Ingres est aussi violoniste et devient, durant un temps, deuxième violon à l'Orchestre du Capitole de Toulouse. De ce loisir naît l'expression « violon d'Ingres ». Ingres est enterré au cimetière du Père-Lachaise à Paris(23e division). Suite à la volonté de l'artiste de léguer à sa ville natale une grande partie de ses dessins (4500) ainsi que certains objets personnels, le Musée Ingres ouvre ses portes à la moitié du xixe siècle dans l'enceinte de l'ancien palais épiscopal de Montauban ; Armand Cambon, Montalbanais élève d'Ingres, fut son exécuteur testamentaire et le premier conservateur du musée.».

Vivaldi

Antonio Lucio Vivaldi, né le 4 mars 1678 à Venise, mort le28 juillet 1741 à Vienne, est un violoniste et compositeur italien. Vivaldi a été l'un des virtuoses du violon les plus admirés de son temps (« incomparable virtuose du violon » selon un témoignage contemporain) ; il est également reconnu comme l'un des plus importants compositeurs de la période baroque, en tant qu'initiateur principal du concerto de soliste, genre dérivé du concerto grosso. Son influence, en Italie comme dans toute l'Europe, a été considérable, et peut se mesurer au fait que Bach a adapté et transcrit plus d'œuvres de Vivaldi que de n'importe quel autre musicien. Son activité s'est exercée dans les domaines de la musique instrumentale, particulièrement au violon, et de celui de la musique lyrique, et elle a donné lieu à la création d'un nombre considérable de concertos,sonates, opéras, pièces religieuses : il se targuait de pouvoir composer un concerto plus vite que le copiste ne pouvait le transcrire.Prêtre catholique, sa chevelure rousse le fit surnommer il Prete rosso, « Le Prêtre roux », sobriquet peut-être plus connu à Venise que son véritable nom, ainsi que le rapporteGoldoni dans ses Mémoires. Comme ce fut le cas pour de nombreux compositeurs du xviiie siècle, sa musique, de même que son nom, fut vite oubliée après sa mort. Elle ne devait retrouver un certain intérêt auprès des érudits qu'aux ixe siècle, à la faveur de la redécouverte de Jean-Sébastien Bach ; cependant, sa véritable reconnaissance a eu lieu pendant la première moitié du xxe siècle, grâce aux travaux d'érudits ou musicologues tels Arnold Schering ou Alberto Gentili, à l'implication de musiciens tels Marc Pincherle,Olga Rudge, Angelo Ephrikian, Gian Francesco Malipieroou Alfredo Casella, et à l'enthousiasme d'amateurs éclairés comme Ezra Pound.Aujourd'hui, certaines de ses œuvres instrumentales et notamment les quatre concertos connus sous le titre « Les Quatre Saisons » comptent parmi les plus populaires du répertoire classique.

Édith Piaf

Édith piaf Édith Piaf, née Édith Giovanna Gassion le19 décembre 1915 à Paris et morte le 10 octobre 1963 à Grasse, est une chanteuse française de music-hall. Elle est l'une des dernières interrètes de la chanson réaliste française. Cinquante ans après sa mort, elle demeure la plus célèbre chanteuse francophone à travers le monde. Surnommée à ses débuts « la Môme Piaf », elle est à l'origine de nombreux succès devenus des classiques du répertoire, comme La Vie en rose, Non, je ne regrette rien, l'Hymne à l'amour, Mon légionnaire, La Foule, Milord, Mon Dieu ou encore L'Accordéoniste.Chanteuse à l'interprétation et la voix saisissante, elle a inspiré de nombreux compositeurs, a été le mentor d'artistes plus jeunes tels qu'Yves Montand, Charles Aznavour, Les Compagnons de la chanson, Georges Moustaki, et a connu une renommée internationale, malgré une fin de carrière rendue difficile par de graves problèmes de santé et une mort survenue à seulement 47 ans.

Marcel cerdan

Marcel Cerdan est un champion de boxe français, né Marcellin Cerdan le 22 juillet 1916 à Sidi Bel Abbès(Algérie) et mort le 28 octobre 1949 dans un accident d'avion survenu au-dessus de l'archipel des Açores(Portugal). Ayant grandi au Maroc à partir de 1922, il était surnommé « le Bombardier marocain ».

Nomenclature des chapitres